早稲田教育ブックレット No. 3

衝動性と非行・犯罪を考える

第一部　「がまんできない」を考える
―基礎、臨床、社会、そして教育―

特別支援教育と今後の学校教育　上月　正博

「やる気」の根源を探る
―生物学の立場から―　筒井　和義

「がまんできない」の症候学
―高次脳機能の立場から―　坂爪　一幸

少年犯罪における「衝動性」
―非行臨床の立場から―　村松　励

第二部　青少年非行の実態と対策
―あらためて非行と子

非行の実態
―面接・電話相談の現場から―　湯谷　優

犯罪の心理臨床
―機序と対応法―　村松　励

矯正教育の現場から
―対応と課題―　宮古　紀宏

表紙イラスト／加藤　巧

まえがき

「早稲田教育ブックレット」№・３は早稲田大学教育総合研究所が主催（共催：早稲田大学教職課程・教育学部・大学院教育学研究科）した〝教育最前線〟公開講演会「がまんできないを考える―基礎、臨床、社会、そして教育―」（二〇〇七年六月二日開催、講演者：上月正博・筒井和義・坂爪一幸・村松　励の各氏）、および「青少年非行の実態と対策―あらためて非行と子どもを考える―」（二〇〇五年一〇月一日開催、講演者：湯谷　優・村松　励・宮古紀宏の各氏）が基になっています。両講演会とも多数の方々にご参加いただきました。また、講演会終了後に回収したアンケートの結果も大変に好評でした。今回「早稲田教育ブックレット」№・３として刊行するにあたり、各講演者には改めて内容をわかりやすくまとめていただきました。

各講演会の開催時に作成し配布したパンフレットには講演会の趣旨が記載されています。「早稲田教育ブックレット」№・３の刊行目的、および「まえがき」としてこれ以上にふさわしいものはありません。ここに再掲して、「まえがき」に代えたいと思います。

編著者代表　坂爪　一幸

「がまんできないを考える」講演会の趣旨

平成一九年度は特別支援教育制度の実施元年である。本講演会では、特別支援教育の考え方と制度を正しく認識し、また特別支援教育の対象者である発達上の遅れや問題をもつ子どもたちに共通してみられやすい「がまんできない」という現象を、生物・心理・社会の各立場から切り込みを入れて考えてみたい。

学校の授業や集団生活にはある程度の「がまん」が生徒に要求される。社会でも、さまざまな誘惑に抵抗したり、対人関係をうまくこなしたりするためには、「がまん」が必要である。

概して、年少者（子ども・生徒）は年長者（学生・成人）に比べて「がまんできない」。また、発達障害にはさまざまな種類があるが、「がまんできない」状態を示しやすい。さらに、「がまんできない」ために非社会的・反社会的行為が現れる場合もある。

「がまんできない」状態は、さまざまな形で現れる。たとえば、気が散りやすかったり、周りに影響されやすかったり、キレやすかったり、衝動的に行動してしまったりなどする。逆に、元気がなかったり、活動性が低かったり、閉じこもりがちになったりなどすることもある。

ヒトが「がまん」して元気でいることの源は何だろうか？　また人間が「がまんできない」状態になる場合、どのような現れを示すのだろうか？　さらに、人が「がまんできない」とき、どのように反社会的にふるまうのだろうか？　そして、「がまんできない」ヒト・人間・人をよりよい方向に支援したり教育したりするにはどうしたらよいのであろうか？

本講演会が、このような問題に日々取り組んでいる関係者の方々に、指導や支援や教育をおこなうための手がかりを少しでも提供することができれば幸いである。

「青少年非行の実態と対策」講演会の趣旨

近年、非行や犯罪や不良行為などの防止教育の必要性が叫ばれている。東京都は、平成一六年八月「非行防止教育及び被害防止教育に関する提言－子どもを被害者にも加害者にもしないために－」を公表している。これによれば「非行防止・犯罪の被害防止教育は学校教育で身につけるべき力の修得とつながるものであり、教員は自らの責務としてとらえ、実行しなければならない」としている。今や、非行防止や犯罪の被害防止教育は、学校教育にとって緊急の課題である。

このような非行防止や犯罪の被害防止教育を実践して行くには、学校のみならず、家庭や地域社会の問題でもあり、子どもに関係する者にとっては非行や犯罪の実態やその発生の機序、および対処・対応の仕方などに関する知識が必要であるともいえる。

本講演会では、青少年の非行や犯罪の問題の最前線で長年ご活躍され現場を周知されている専門家から、青少年非行や犯罪の実態の理解とそれへの対策の現状についての報告、問題や課題の指摘、そして今後の提言について、それぞれの研究と現場経験をもとにお話ししていただく。

本講演会は、家庭、学校、地域社会における子どもへの関わりについて重要な提言を送ると同時に、非行防止や被害防止の教育がいかにあるべきかを理解していくうえでの実践的な対応と知識への示唆を与えてくれる。

今後の教育実践へのニーズに応えると共に、子どもたちの健全な成長を広い視野から考える契機になるであろう。

第一部　「がまんできない」を考える

―基礎、臨床、社会、そして教育―

特別支援教育と今後の学校教育

文部科学省初等中等教育局主任視学官・教育課程担当リーダー
現 文部科学省 生涯学習政策局 生涯学習推進課長 上月 正博

一、はじめに

皆様こんにちは。今、紹介がありましたように四年前、五年前に、私は、特別支援教育課長をしていました。それから、現在は、主として小学校、中学校の学習指導要領関係の仕事をしております。学習指導要領というのは何かというと、各学校段階の国語、算数等の各教科、道徳、特別活動の目標や内容などを大綱的に定めるものです。今は中央教育審議会でその見直し作業をしておりまして、そういう仕事に関わっております。

今年度、平成一九年度は、改正された学校教育法の特別支援教育制度が施行されるということで特別支援教育元年といわれているようですが、実は平成一五年度も文部科学省が特別支援教育の考え方を示し、具体的な施策を開始したということで特別支援教育元年という人もおられました。この間に、特別支援教育の基本的な仕組みについての考え方が示されて、さまざまな施策が充実し、各地域、学校での取組みが進み、法律上も制度改正されるなどの進展には目を見張るものがあります。

二、特別支援教育課の設置

振り返ってみると、この特別支援教育というのが、言葉として出てきたのは、ちょうど二一世紀に入った二〇〇一年一月に文部省と科学技術庁が統合され、文部科学省になったときであります。統合前までの「特殊教育課」が「特別支援教育課」と組織名が変更されました。

特別支援教育課は、従来からの盲・聾・養護学校と特殊学級における教育、これに加えて、学習障害児や注意欠陥・多動性障害児等通常の学級に在籍する特別な教育的支援を必要とする児童生徒への対応も積極的に行うこととして設置するとしています。ただし、この時点では、行政として学習障害等にも対応していくための組織は設置しましたが、特殊教育、特別支援教育の概念について明確に整理されていなかったわけです。

三、「二一世紀の特殊教育の在り方について」報告

また、同時期に調査研究協力者会議の報告として「二一世紀の特殊教育の在り方について」が出されています。これは、特殊教育の考え方の転換を図ったものとして大変意義深い報告だったと思います。

すなわち、今後の特殊教育の在り方として、これまで以上に障害をもつ子どもたちの縦と横をつなぐ考えを強く押し出したことであります。「縦と横」については、「ノーマライゼーションの進展に向け、障害のある児童生徒等の自立と社会参加を社会全体として、生涯にわたって支援する」と指摘しています。人には障害があってもなくても、生まれてから幼児期を過ごし、小学校、

中学校、高等学校、特殊学校（盲・聾・養護学校）であれば小学部、中学部、高等部と、その後の就職等も含めた長い人生がありますが、そういう長いスパンの中でどう育ちというものを支援していくか、という視点であります。そしてそのためには、単に教育界だけではなくて、医療の世界でありますとか、福祉、あるいは労働の世界も含めて、さまざまな関係分野の人が、よりよい支援ができるようにどうしたらいいのかというような考え方を示しています。それを端的にいえば、障害のある子どもをめぐる縦と横をつなげる考え方を示したということになるわけです。

このことは、私は障害児教育に大きな考え方の転換をもたらしたかなと思います。つまり、それまで特殊教育の行政では、今申し上げたような「縦と横」の考えが全くなかったわけではありませんが、重度な障害のある子どもの教育として、そのための専門性を備えた教員と設備をもつ学校を整備して、そこでしっかりした教育を行うということが大きな部分を占めていたと思います。そのために障害児をめぐる学校教育の前と後、その周りとの関係というよりも、学校内でどうしていくかという考えが強かったように思います。二一世紀の特殊教育のあり方についての協力者会議の報告というのは、学校という「場」というのも子どもにとっては大切なところではあるが学校は全体の一部であり、その周り、学校に入る前、後、それから家庭、あるいは病院に行ったりだとか、福祉施設に行ったりだとか、そういうことも含めて考えていきましょうという、総合的な捉え方を示しました。

資料1　特別支援教育の対象となる児童生徒数の割合の推移（義務教育段階）

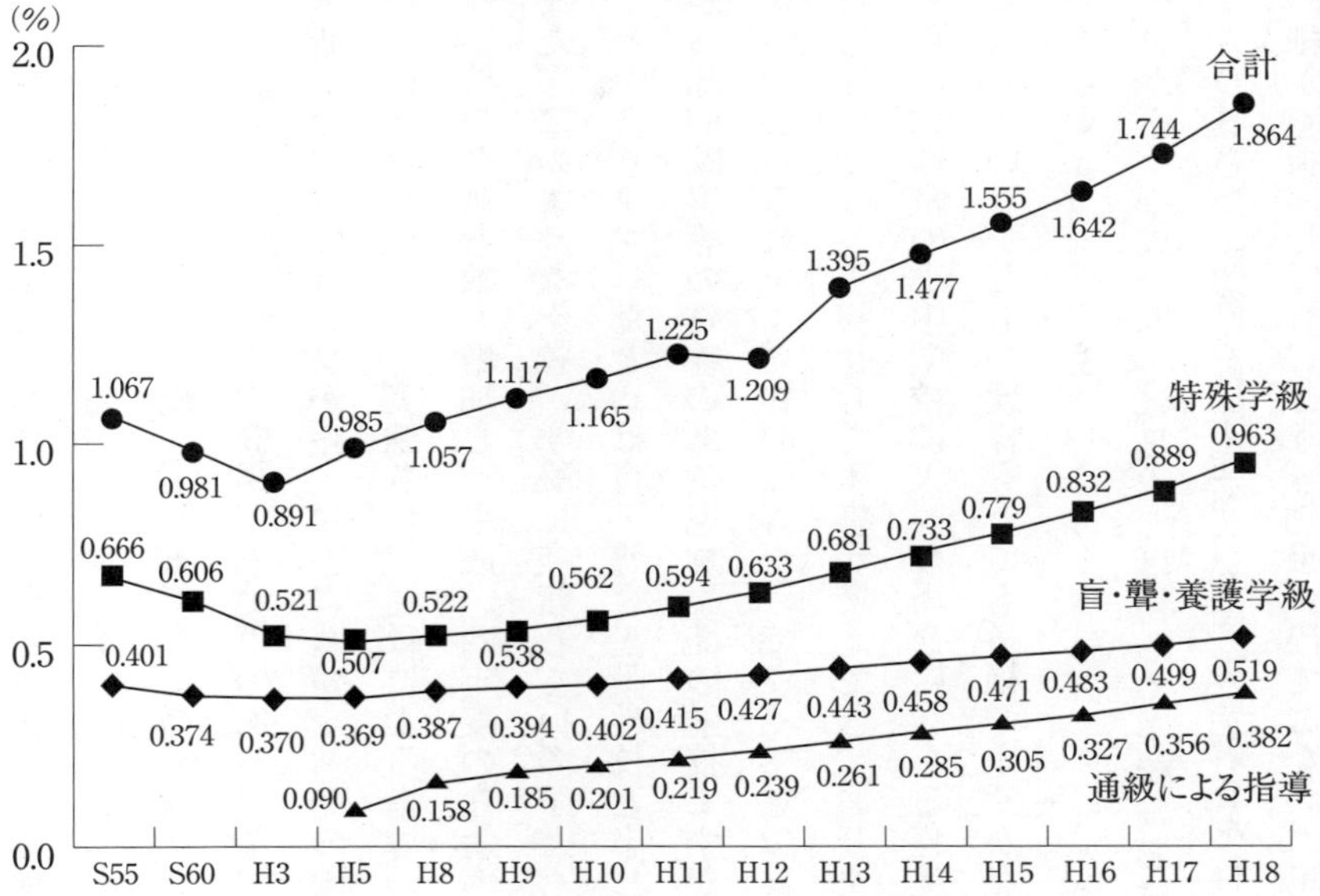

四、障害のある子どもの広がり

その報告後一年くらい過ぎた頃に私は特別教育支援課に配属されたのですが、特別支援教育の概念とか、それに伴う学校の在り方ということを具体的に考えてみようというような時期でした。「二一世紀の特殊教育の在り方」の報告で大きな方向性は示されましたが、その考えを具体化するためにどのような仕組みにしていくのかということが課題になっておりました。

現状を見てみましょう。資料1は、特殊教育の対象児童生徒数をグラフ化したものです（この資料では平成一八年度まで示しているが、この検討を行っていたのは一四年度）。特殊教育の対象児童生徒数、すなわち盲・聾・養護学校、小中学校の特殊学級に在籍する児童生徒数を示しております。今から一五年位前までは対象児童生徒数は大変少なく、盲・聾・養護学校で〇・三七％、特殊学級が〇・五二％、全体で〇・八九％でした。これは国際的にも最低レベルです。この後、平成五年度に通級制度（小中学校の通常の学級に在籍し、比較的軽度の言語障害、情緒障害、弱視、難聴等のある児童生徒等を対象として、主として各教科等の指導を通常の学級で行いながら、障害に基づく種々の困難の改善・克服に必要な特別の指導を特別の場で行う教育形態）が実施され、通級による指導の対象児童生徒数が増加し、さらに特殊学級、特殊学校の在籍者数も増加し、平成一四年度の在籍率は一・四八％になっています。

また、このような学校、学級に在籍している子どもたちの障害の状態が変わってきているということがあります。たとえば盲・聾・養護学校と申しましたけれども、視覚障害、聴覚障害、それから知的障害等の障害のある児童生徒の学校ですが、そこに入っている子どもたちの障害に重複化傾向がみられます。知的障害だけでなく感覚障害も伴う、あるいは聴覚障害だけでなく知的障害を伴ったり、重複化した障害が増えてきております（平成一四年度四三・四％）。

さらに、通常の小中学校に入った場合に、ある程度特別な教育は、特殊学級で行われます。そこに入っている子どもの態様もとても多様です。かなり重度な子どももいれば、そんなに知的な遅れもないような子どももいたりします。

それから、平成一四年に日本では初めて学校における学習障害（ＬＤ）、注意欠陥・多動性障害（ＡＤＨＤ）、高機能自閉症等の全国実態調査を行っております。これは、通常学級で先生がきめ細かく指導しても、どうも効果が出てこない、場合によっては逆効果になるというような現象が教育の現場から出てまいりました。また、アメリカなどから、ＬＤあるいはＡＤＨＤというものの教育に関する情報がかなり入ってきました。そういったことで、通常学級にいるＬＤ、ＡＤＨＤ、高機能自閉症等の子どもについての調査をしようということになりました。

日本で初めての調査ということになるので、アメリカの調査を参考にしながら、学識者の方に専門的な研究を行っていただき、それを調査項目にしてアンケートを行いました。このアンケートの対象は教員で、医者等による医学的なチェックをかけていませんので、障害についての正確な判断ということではありませんが、教育現場の先生を対象とした大変多くの項目から成るアンケートです。

この調査結果によると、通常の支援ではむずかしい子どもたちが六％ぐらいいるということが判明しました。つまり、一学級児童生徒数の全国平均が三〇人くらいですが、平均しても二人くらいはいる。少なくともひとりはいるだろうというような状態が判明したわけです。これにつきましては概ね次のような意見がありました。アメリカとほぼ同様な状態であることが日本でも認識されて、これからその教育・支援ということが考えられる重要な調査結果であるという意見と、それから、障害というのは医学的にしっかり判明できるものであって、そういうことが学校現場のひとつのアンケート調査でわかったとしても医学的なものを含めたもう少しつっこんだ調査をする必要があるとの意見が出されました。

この調査を踏まえて、今後の「特別支援教育の在り方について」調査研究を行っていた協力者会議では、教育の実践としてどう考えるかという議論をしました。調査で判明した状態を本当に障害というのか、というよりも、その子どもたちにとってより良い教育というのは何かと、そういう視点から考えるべきではないかなという意見です。この全国で六％という数字をしっかり受け止めて、それにあった教育の仕組みであるとか体制というものを考えていけばいいのではないかというような議論になっていきました。

五、トータル・マネジメント

従来、障害児教育の対象としていた知的障害、聴覚障害、視覚障害ということを典型的に前提としていた状態から、障害について量的な広がりとともに、質的にも多種多様な状態となったことを踏まえる必要があります。したがって、場の設定と同時にもっと総合的な仕組みが必要であるという考え方になっていきます。

また、子どもたちの障害の状態も固定的なものではなく、変化していきます。教育、支援の内容によっても変化していきますし、その年齢とともに変化していくものもあります。このような多様性と変化するものについてどのように対応していくかということを考えるときに、組織が非常に変化の激しい時代、あるいは多様性ということにどう対応していくかということをみた場合に、マネジメントという発想に行き着きます。

今では当たり前のように、霞ヶ関の行政官庁も含めて、ＰＤＣＡサイクルをまわすということをよくいいますが、そのころは、教育機関にはそのような発想はほとんどありませんでした。多様性に対応していくためには最初からこうすれば完璧だ、という発想ではなく、まずいろいろな知見を集めて必ず計画をたて、実施し、それから必ずチェックする、そしてまたより良い教育の計画を立てていこうと、Plan-Do-Check-Action のサイクルということを調査研究協力者会議で打ち出しています（報告では、「Plan-Do-See」のプロセス。趣旨として同じ）。

また、先ほど縦と横をつなぐということを申し上げましたけれども、子どもに関わりをもつ人も多様ですので、新たな視点からの発想が必要になります。障害のある子どもをめぐってより良い支援につなげていくためのネットワークをつくることが大切になってまいります。学校内の教職員間の連携だけでなく、家庭や病院、福祉施設などとの協力による子どもへのより良い支援のためのネットワークです。

このように、ＰＤＣＡのサイクルとネットワークを構築するというかたちで仕組みをつくっていくわけであります。このための道具、ツールとして、「個別の教育支援計画」を提言しております。「個別の教育支援計画」によって、できるだけ長いスパンで子どもたちをみていくことと、できるだけ多くの人の活動を関連付けていくことができます。

また、障害のある子どもに関わってさまざまな人が参加しますから、計画、実施等に当たって連絡調整役が必要です。「特別支援教育コーディネーター」を置きましょうという提言になっております。学校内外のさまざまなリソースをどう調整するかという役割です。

さらには、学校現場を支援する仕組みをつくるため、広域特別支援連携協議会などの都道府県行政レベルでの部局横断型組織の設置を提言しています。学校がネットワークをつくる際に外側からネットワークの形成を支援するものです。

六、特別支援教育の制度

このような仕組みを構築していくためには、特殊教育制度からもう少し広がりをもった制度が必要です。視覚障害に対応した盲学校、聴覚障害に対応した聾学校、知的障害や肢体不自由などに対応した養護学校という制度となっておりますが、先ほど申し上げた障害の重複化の状態を踏まえて、必ずしもひとつの障害だけではなく、聴覚障害、視覚障害両方に対応できるものがあっていいでしょうし、感覚障害とともに知的障害にも対応できるような制度の設計ということが必要です。

さらに、このような学校は地域において障害者教育についての専門性が高い、高くなるべき教育組織ですので、その能力を学校内だけでなく、学校外にも展開していくことが期待されます。つまり、特殊学校が特殊学校内の子どもだけでなく、通常の小中学校も支援、応援できる仕組み、いいかえれば、特殊学校が障害児教育の地域ネットワークの核となる構造への転換が必要です。

このような二つの観点から、「特別支援学校」という制度を構想しました。地域における特別支援教育の専門的な機関であり、かつコーディネーターでもあるという役割を担わせるわけです。

小中学校についても、子どもたちの障害の状態が多様化したことを踏まえると、特殊学級という場で障害のある子どもの教育をすべて行うという制度設計について、柔軟な構造が必要になってきます。通常学級での支援で足りるものもあるし、別室で指導をしたほうがいい場合もあるし、そういった意味で、一〇〇%特殊学級での指導というのではなくて、これが七〇%の場合もあるし、五〇%の場合もある、いろんな場合があり、それはもう少し柔軟に考えたほうがいいのではないか、こうしたことから、「特別支援教室」という制度を提言しています。

七、漸進的な取組み

このような仕組みや制度設計の考え方について、協力者会議の中間報告として出されると、それは考え方としては素晴らしいけれど、相当思い切った条件整備が伴わないと絵に描いた餅じゃないかとの意見がかなり出されました。これを受けて、協力者会議では、条件が整備できなければおよそ何もやらないのではなく、漸進的に考えていく必要があるのではとの意見が出されました。より良い教育、より良い支援というように少しずつ上がっていくためには、お互いができること、知恵なり行動なりを、子どもの指導・支援ということにベクトルを合わせることによってできるのではないか。条件整備が十分でなければ、また完璧にできないからやらないというのではなく、子どもたち自身が成長できるような漸進的な仕組みを考えていきましょうと、そういう考え方が主流になってきました。

協力者会議の最終報告では、「障害のある子どもの教育の新たなシステムづくりや制度の再構築を目指すという点で、新しく、大きなチャレンジであり、このためには行政や学校はもちろん、家庭や地域社会においても意識改革が必要である。チャレンジがなければ成果もないことを肝に銘じて、教育に関わる者全員が協力して障害のある子どもに対する新しい教育の姿を切り拓いていくことを強く期待する」と表現しています。

八、自らできることを

協力者会議の報告が出て、特別支援教育課の仕事の進め方について、ＰＤＣＡのサイクルとネットワーク形成を意識するようにしました。

当時、私どもの最大のパートナーは、国立特殊教育総合研究所と全国特殊学校長会です。特別支援教育課は国の制度、政策形成、特殊教育総合研究所は研究と研修、特殊学校長会は現場のリーダーとして教育の充実、というのが主な役割です。これら三者が、目的、目標を共有化しながらそれぞれの役割を発揮しつつ、協力すれば、より充実した取組みができます。そのためには、お互いが考えや情報を十分交流させる必要があり、時には徹底的な話し合いが必要です。そのことによって、同じベクトルに向かってそれぞれの役割を果たしていけるのです。

また、従来、密接な関係になかった組織や団体との交流にも努めました。たとえば、小児科医の団体、福祉関係団体等の人たちにも、特別支援教育を進めるためのネットワーク作りに協力をいただきました。このような関係団体から各地域で支援していただける人のリストを出していただき、支援・協力者リストとして都道府県に送りました。

各地域、学校の取組みはさまざまですが、障害のある子どもに関わる人びとの関係が充実する中で特別支援教育も進展してきたように感じます。子どもを中心とした関係者の輪の充実の中で、自分の仕事が広がりをもちます。学校の先生が保護者、医者、福祉の関係者とも付き合うようになる。そうするといろんな考え方に接するようになる。私は今までこうだったんだから、これしかやらないよという発想ではなく、そんな考え方・そんな方法もあるのかということで、これはおもしろいぞ、という人がいますね。そういうことで一生懸命やっていくところは、確実に学校の教育力としても進展したと思います。

九、法律改正

各地域の取組みの進展とともに、具体的な制度改正について中央教育審議会が審議を行い、その答申を受けて学校教育法改正案が国会に提案され、昨年、全会派一致で可決されております。基本的には協力者会議報告の方向性に沿って、盲・聾・養護学校の制度を特別支援学校ということに一本化するという制度となりました。また、特別支援教室については、特殊学級が「特別支援学級」という制度になっていますが、制度としては「特別支援学級」としつつ中教審答申では「特別支援教室」構想の実現に向けた方策が示されています。

予算についても大変充実が図られてきております。校内委員会、コーディネーターの設置、巡回相談の実施など、小中学校レベルで実施していた一五年度の事業を、一九年度は、小学校に入る前の段階、それから高等学校の段階、就職の段階、保護者・地域活動の支援ということで総合的な施策を展開しております。小中学校に、特別支援教育を行う支援員の配置ということについても、地方交付税で相当の人数を盛り込んでおります。

十、教育基本法の改正

特別支援教育の考え方というのは、現在学習指導要領の見直しの検討を中央教育審議会で行っておりますが、かなりお互いに共鳴している部分があるように感じています。どうしてそうなのかというのをお話したいのですが、その前に学校教育を含めた教育の基本的な構図が変わりつつあるということをまずご理解いただきたいと思います。

教育基本法が六〇年ぶりに改正されております。前の教育基本法も素晴らしい基本法だったというのはほとんどの人が認識されていると思います。しかしながら教育基本法ができた六〇年前とは、時代状況が大きく変わっていると思います。昭和二〇年代というのは人口が伸びる時期、あるいは子どもたちの多い時期、今は子どもたちよりむしろ高齢者が多い時期、全体の人口が減っていく時期です。子ども同士が群れて遊んだり、面倒なことも含めて接触なりコミュニケーションなりがどんどん薄れていくような状況になっています。また、学校のサイズも昔はどうやって学校、教室を確保していこうかというのが悩みだったのですが、今は統廃合が問題になっています。子どもの意識、行動が変化し、授業の様子も変化してきております。

それから情報化といった点で大きな違いがあります。たとえば一〇年前、携帯電話でのコミュニケーション、情報収集が普通になることをどれだけの人が想定したでしょうか。情報ということの状況が全然違ってきております。教えるという中での情報の価値、知識の伝達について、五〇年前と、今の情報化社会では全然違ってきているということです。

経済についても、中小企業も含めて、国際的なマーケットの中で考えざるをえない状況になっています。これも昭和二〇年代には想像できなかった状況になっていますが、そういった時代の推移の中で教育の理念を改めて見直してみようというのが今回の教育基本法の改正だというふうに思われます。

また、個人のニーズにきめ細かく対応したサービス社会の進展等の中で、家庭やコミュニティーに対する結びつきが弱くなってきております。教育のあり方、社会のあり方として、家庭、郷土に対する帰属感ということも重要なテーマとなっております。さらに、学校教育だけでなく家庭とか地域であるとか、全体的にみて考え方を整理していくことも必要です。

このような背景の中で、資料2に示すような教育基本法の改正について、昨年（平成一八年）、衆議院、参議院併せて合計一九〇時間という長い審議が行われ、一二月一五日に成立しています。

十一、学力のとらえ方

教育基本法は基本的な理念を示すものですから、多くの関係法律があります。学校教育法についても、改正された教育基本法の理念を踏まえて義務教育の目的・目標を再整理して、幼稚園、大学までの目的等も整理した改正案を国会に提出しており、現在参議院で審議が行われておりま す（平成一九年六月二〇日成立）。これを受けて、各学校が進める教育課程の基準、学習指導要領が定められます。

現行の学習指導要領というのは、平成一〇年に告示をされまして、小中学校が一四年度実施、高等学校は一五年度から実施されております。中央教育審議会の教育課程部会というところで、現行学習指導要領の課題や児童生徒の学力の状況、さらには改正教育基本法などを踏まえながら議論が進められています。

資料2　教育基本法の概要

趣　旨

我が国の教育をめぐる諸情勢の変化にかんがみ、改めて教育の基本を確立し、その振興を図るため、普遍的な理念は大切にしながら、今日重要と考えられる理念等を明確にする。

概　要

1　教育の目的及び理念

(1)　今日求められている教育の目的・目標を明示。具体的には、

①　教育の目的として「人格の完成」、「国家・社会の形成者として心身ともに健康な国民の育成」を規定。

②　この教育の目的を実現するために今日重要と考えられる事柄を「教育の目標」として規定。

〈教育の目標（例）〉　　（＿＿＿は、新たに規定したもの）

- 幅広い知識と教養、豊かな情操と道徳心、健やかな身体
- 能力の伸長、自主・自律の精神、職業との関連を重視
- 正義と責任、自他の敬愛と協力、男女の平等、公共の精神
- 生命や自然の尊重、環境の保全
- 伝統と文化の尊重、我が国と郷土を愛し、他国を尊重

(2)　「生涯学習の理念」及び「教育の機会均等」を規定。

2　教育の実施に関する基本

教育を実施する際に基本となる事項について、義務教育、学校教育、教員、社会教育、政治教育、宗教教育に関する規定を見直すとともに、新たに大学、私立学校、家庭教育、幼児期の教育、学校・家庭・地域の連携協力などについて規定。

3　教育行政

教育行政における国と地方公共団体の役割分担、教育振興基本計画の策定等について規定。

4　法令の制定

この法律の諸条項を実施するための必要な法令の制定について規定。

施行期日

平成18年12月22日（公布の日）

国会の審議、あるいは新聞等で、ゆとり教育は失敗したのかということが議論となります。つめこみ教育という表現にあるように、今ある知識というものをできるだけつめこむ、そしてその知識をもって社会に出て活躍していくという考えが一方にあります。もう一方は、変化の激しい時代において求められる知識は変わっていくものだから、変わっていくものを入れても仕方がない、できるだけ考える力、自分で調べ、考えていく部分を増やしていこうという考え方がありま す。現実を見せて、そこからできるだけ子どもたちに考えさせていこうという教育観です。これは互いにある意味で両極端で、基礎・基本、知識が全くないのに考えてもできない。たとえば、私たちは考えるときに言葉を使って考えています。言葉も学んで、あるいは本で読んで、理解したうえで、その後自分として考えを展開していきます。学ばないのに考えてみろといってもそれはできないわけです。そういった意味で、基礎・基本をどの程度にするかというのは重要な課題ですが、基礎・基本というのはある程度徹底してやらなくてはいけない。ただ、それだけではやっぱり不十分で、その後、自分なりに調べ自分なりに考えていくということが必要です。具体的な場面で、学んだ知識なり技能なりというのを使えるようにしていくことが大切です。教室だけではなく、教室外でも使えるようにしていこうという検討が、中央教育審議会で行われていま す。

このような学力観、学校教育についての考え方は、日本だけではなく、多くの国において同じような方向性で検討が進められています。二年ほど前に、ＰＩＳＡの学力調査の結果が公表されて、日本の生徒は読解力、学習意欲が低くなっていると、新聞にも大きく取り上げられたことがあります。ＰＩＳＡの学力調査は、ＯＥＣＤの教育関係者が議論をして作成したものですが、キー・コンピテンシー（単なる知識や技能だけでなく、技能や態度を含むさまざまな心理的・社会的なリソースを活用して、特定の文脈の中で複雑な課題に対応することができる力）という能力観に立って、具体的にそういうものをどうしたら身につけられるかということから、国際的に調査を行っているものです。

十二、学習生活基盤の形成

このような学力を確実に身に付けていくためには、具体的にどうしたらよいのでしょうか。先生の熱意、創意工夫という一般論だけにゆだねるのではなく、できるだけ、どこでも、どの子でも達成できるような具体的な方法論が必要です。

そういったことから、学習を進めていく上での生活基盤ということもとても大事な要素です。先ほどの特別支援教育において、子どもの縦と横を考えることの重要性を話しました。学校に入る前と出た後、また学校以外の関係者との関わりです。学校教育を受け、着実に学力を身に付けていく上で、前提としていることがあります。先生の話を聞くことができる、友達が意見を言っているときは聞いているとか、指示にしたがって具体的行動ができるなど一定の前提があります。

しかし、現実の状態は必ずしもそうなっていない場合があります。幼少時期、社会の環境、地域の環境、いろんなことがあると思います。そういうことを全部含めて必ずしも前提、学習を進める上での基盤が成り立っていない、学校だけではなくて、家庭、地域も含めてみていかなければ教育としてうまく成り立っていけないという状況があります。そのようなことは、そもそも家庭で、あるいは地域で行われていた、あるいはとにかく学校でといくら言っても、子どもにとってはどんどん時間が過ぎていくだけです。ですからここで、学校としては何ができるか、家庭として何ができるか、地域として何ができるか、という姿勢で学習基盤形成に取り組んでいくことが大切です。この際も、教育の専門機関である学校の役割は大きいのですが、家庭や地域の取組みも充実していくことが必要です。子どもをめぐって関係者の考えを合わせる、情報を交換することがここでも大切になってきます。「早寝、早起き、朝ごはん」運動や、放課後の活動に地域の人が取り組む放課後教室などは、このような取組みの一部です。

十三、言葉と体験の重要性

学力を考えていく上で大変大きな要素が、言葉と体験であるということが教育課程部会の検討の中で示されています。今の子どもたちの実態を見ると、昆虫に触ったとか、太陽が沈むまで遊んだとか、そういう体験自体が少なくなってきております。たとえば、そういう子どもたちに理科というものを十分教えられるかということがあります。やはり、発達段階に沿った体験活動ということを、もう一度検討する必要性がここにあります。

それから言葉。情緒を表現するのも言葉、理屈、理念を組み立てていくのも言葉です。情緒についての例を申し上げれば、すべて自分にとって不快なことは〝うざい〟という言葉しか表現できなければ、具体的に言葉で表現していく努力を放棄してしまうと、表現方法としてキレるということが多いといわれています。中教審的にみた今日のシンポジウムのテーマである「がまんできない」に対するひとつの見方ですが、言葉というのは勉強する上で重要なばかりでなく、人とコミュニケーションをとったり自分の感情をわかりやすく表現したり、あるいはその自分の感情は今どういうことなのかなということをおさえる大変重要な道具であります。そういったことも従来は何となく自然にできたことが、今はむずかしくなっている部分があります。そういうことから、学校、家庭、地域において再検討することが必要であります。

また、教育課程部会では、言葉は国語、体験は特別活動でということだけでなく、すべての教科内容の現状を整理し、言葉と体験の充実という観点から、今後、どのような内容、方法が適切かということについて、議論が進められております（平成一九年一一月八日「教育課程部会におけるこれまでの審議のまとめ」を公表）。

十四、終わりに

社会のさまざまな変化の中で教育、特に学校教育の在り方という視点から、これまで暗黙の前提としていたものを見直し、子どもたちの多様化した状態をしっかりとらえて、より適切な教育ができるような仕組みづくりが大切であります。そのために、国が何をするか、地方の教育委員会が何をするか、また学校の体制や教育方法について議論が行われ、制度化、事業化が進められています。ご静聴いただいている皆様のご理解ご協力をいただければ幸いに存じます。

（備考）　本稿は、平成一九年六月二日開催の教育最前線講演会「『がまんできない』を考える」の講演録について、加除修正を加えたものである。

「やる気」の根源を探る―生物学の立場から―

早稲田大学教育・総合科学学術院　生物学教室　教授　筒井　和義

一、はじめに

「教育最前線講演会」のオーガナイザーである坂爪先生から、サイエンスの立場から「がまんできない」ということについて生物学的にはどのように説明されるのか話題を提供してほしいとのご依頼を頂きました。そこで、最近の興味深い研究成果をご紹介しながら、「やる気の根源を探る―生物学の立場から―」ということでお話をさせていただこうと思います。がまんをできない子どもが増えていますが、これは社会と教育にとって大変重要な問題です。「がまんできない」を知るためには、「がまんする」を知る必要があるのではないかと、私たちは考えています。「がまんする」ことは、「やる気」と密接に関係しています。われわれは生物学の立場から、「やる気」の根源を知りたいと考えて研究を進めております。

二、動物からヒトの「がまんできない」と「がまんする」を考える

「がまんできない」ヒトたちと、「がまんする」ヒトたちはどこがどのように違うのでしょうか。たとえば、マラソン選手の土佐礼子さん。われわれヒトが四〇キロもの長い距離をえんえんと走

り続けることは大変なことです。土佐さんは身体がつらくなってもふうふういいながら、がまんしてゴールを目指して一生懸命走り続けています。一方、走るのは大変だからやめてしまおうと、座り込んで休むヒトもいるでしょう。この「がまんする」状態と、「がまんできない」状態は一体、どこがどのように違うのか、それを生物学的に明らかにしていきたいと考えてわれわれは研究をしています。

「がまんする」ということは、「やる気」や「元気」と密接に関係しています。活動性を維持してがまんをしながら、元気にがんばる。つまり「がまんする」という過程では、そのヒトは非常に活動的なわけです。「がまんする」のはヒトに限りません。がまんして元気な活動を維持することは、ヒトを含めた動物に共通してみられます。このことが顕著になるのが、繁殖期を迎えた動物です。代表的なのは渡りドリです。ヒトのマラソンはたかだか四〇キロですけれども、渡りドリは、数千キロ、数万キロの長い距離をえんえんとがまんしながら飛び続けています。大変な重労働を渡りドリはしています。ほかにも川を遡上するサケの例があります。海洋で大人になったサケは産卵のために自分の生まれた川に戻ります。産卵地まで遡上するサケを観察すると、川の流れに逆らって、身体をぼろぼろにしながら上流に向かってがまんして泳いでいることがわかります。これも大変な重労働です。生物学的にいえばヒトは動物の仲間ですから、ヒトという特定の立場からではなく、広く動物の立場から、「元気」、「がまんする」はどのように理解できるのかということを研究しています。

三、元気にさせる新規脳ホルモンの発見

この研究の過程で、二〇〇四年、われわれは動物を活動的にする新しい脳ホルモンを発見しました（参照：コラム）。この、動物を活動的にさせる脳ホルモンがどういう過程で見つかったのか、どういう性質のもので、今後どのようなことが期待されるのか、という話をいたします。

(一)　ニューロステロイドと新規脳ホルモン

この新しい脳ホルモンは、7α-ヒドロキシプレグネノロンといいます。物質名でいうとニューロステロイドということになります。まず、ニューロステロイドとは一体何かということですが、これはわれわれが一〇年ほど前に明らかにした、脳がつくるステロイドホルモンです。

脳がステロイドホルモンをつくるという発見は、ステロイドホルモンの研究において、新大陸発見に相当するほど大変重要なことです。ステロイドホルモンというと、精巣でつくられるテストステロン、別名・男性ホルモン、卵巣がつくるエストラジオール、別名・発情ホルモン、哺乳類の卵巣と胎盤でつくられるプロゲステロンなどが知られています。エストラジオールとプロゲステロンは女性ホルモンと呼ばれています。このようにステロイドホルモンというのは、生殖腺や胎盤、そして副腎といった末梢の内分泌器官でつくられることが古くから知られていました。

そこに、われわれの研究によって、新しいステロイド合成器官として脳が発見されたわけです。まさか脳がステロイドホルモンをつくるとは、その当時誰も想像していませんでした。われわれは、脳がつくるステロイドホルモンを古典的なステロイドホルモンと区別してニューロステロイドと名づけました。脳がつくるステロイドホルモン、ということがその名の由来です。

(二) 新規脳ホルモンの発見

動物を活動的にさせる脳ホルモンである、7α-ヒドロキシプレグネノロンという新しいニューロステロイドを発見した過程を、ニューロステロイドそのものを発見した経緯を含めてお話しします。

ステロイドホルモンの素材はコレステロールです。コレステロールは皆さんご存知だと思います。酵素が働いて、だんだんコレステロールの構造が変わっていって、ステロイドホルモンができます。コレステロールからまず、プレグネノロンというものができ、その後プロゲステロンができます。プロゲステロンは卵巣や胎盤でつくられるステロイドホルモンとして知られていますが、実は脳でもプロゲステロンがつくられるのです。このプロゲステロンはだんだん構造が変わっていって、男性ホルモンであるテストステロン、さらにテストステロンから発情ホルモンであるエストラジオールがつくられる、そういうプロセスが脳に存在するということが明らかになったわけです。これを、鳥類を使った実験で証明するのに、約一〇年費やしたわけですけれども、この現象はヒトを含めた哺乳類、鳥類、両生類や魚類に共通に一般化できる大変重要な発見です。

そして、先ほど申し上げたように、コレステロールから最初にできるのはプレグネノロンですが、このプレグネノロンからつくられる新しいニューロステロイドを見出しました。プレグネノロンとトリの脳を反応させてどういうニューロステロイドができるかを調べたところ、まだ誰も報告していない新しいニューロステロイドがつくられることがわかりました。その構造を詳しく解析した結果、7αの位置が水酸化されたプレグネノロンという未同定のニューロステロイドであることがわかったのです。それが7α‐ヒドロキシプレグネノロンです。

(三) 新規脳ホルモンは動物を元気にさせる

われわれは、動物の活動性が極めて高い時期、つまり渡りドリが渡っている時期に、新しく発見された7α‐ヒドロキシプレグネノロンがトリの脳にどれだけ存在するのか、渡ってないときと比較してどう違うのかということを調べました。トリの脳の中のこのニューロステロイドの量を調べてみますと、渡っていない時期に比べ、渡っているときには7α‐ヒドロキシプレグネノロンが高いレベルで脳に存在するということがわかりました。つまり渡っているとき、元気であるときはこの7α‐ヒドロキシプレグネノロンが脳の中でたくさんつくられています。

次に、7α‐ヒドロキシプレグネノロンは脳で多くつくられて、他の器官ではほとんどつくられない、脳で特異的につくられるホルモンであることがわかりました。そこで、脳のどこでつくられるかを詳しく調べたところ、動物の基本的な活動・行動を支配している脳幹でたくさんつくられているという結果が得られました。この結果と、先ほど申し上げた、動物の活動性が高くなる繁殖期に7α‐ヒドロキシプレグネノロンがたくさんつくられるという研究結果から、われわれはこの7α‐ヒドロキシプレグネノロンが動物の活動性を支配しているのではないかと考えたわけです。

そこでそれを証明する実験を行いました。イモリの脳に穴を開け、7α‐ヒドロキシプレグネノロンを脳室に投与するのです。三段階で量を変えて投与し、このイモリの活動量を行動解析して数値化します。その結果、７α-ヒドロキシプレグネノロンの濃度が高ければ高いほど、活動性・活動量が増加するということがわかりました。鳥類のウズラでも同様の結果を得ています。今回、活動性・活動量の指標としたのは、ロコモーターアクティビティ（自発運動量）というもので、一般的な活動性のパラメーターとして、使われている基準です。性行動といった特異な行動とどういうふうに関係しているかについては、現在実験中です。

㈣　新規脳ホルモンの作用メカニズム

次に、７α-ヒドロキシプレグネノロンが動物の活動性を高めるメカニズム、作用機構はどうなっているかということを、調べていきました。７α-ヒドロキシプレグネノロンを脳と一緒に培養して処理しますと、ドーパミンの放出が増加するということがわかりました。現時点でわれわれが考えている作用機構のモデルは、脳幹でつくられた７α-ヒドロキシプレグネノロンが脳幹にあるドーパミンニューロンに作用して、ドーパミンの放出を指令し、脳幹は動物の活動性を支配する場所であるため、動物の活動性が増加する、というメカニズムです。詳しくは、今解析をしている段階です。

㈤　新規脳ホルモンからヒトの「元気」を考える

この７α-ヒドロキシプレグネノロンが、ヒトにおいても同じように活動性を高めると証明されたら、素晴らしいことになるわけです。ひとつの仮説として、土佐礼子選手はマラソンをしているときにこのニューロステロイドがたくさんつくられているのではないか。一方、走り続けることを「がまんできない」ヒトは、７α-ヒドロキシプレグネノロンのレベルが低いのではないか。そこで、走り続けることを「がまんできない」ヒトに7α-ヒドロキシプレグネノロンを与えると土佐礼子選手のように走り続けることができるのではないか。そんなことを考えています。

(六) 元気にさせる新規脳ホルモンの今後の展開

近い将来そうなればいいという話ですが、7α-ヒドロキシプレグネノロンはヒトにも存在することがわかってきました。さらに、ステロイドホルモンというのは、分解しにくい性質をもちます。ですからカプセルに詰めてそれを飲めば、それが脳に入って脳で長期に働くことが可能です。つまり薬としてこれを用いることは十分可能なわけです。そういうふうな明るい展望もあります。われわれの研究成果をある新聞社が見つけて、これは近い将来、元気の出る薬の開発につながる重要な発見だ、という報道もなされました。副作用がなく、ヒトにおいても確かに活動性を高める、ということが証明されたら、元気の出る薬の開発につながるということになるかと思います。

四、おわりに

まとめますと、生物学的にみて、がまんと元気の根源は7α-ヒドロキシプレグネノロンが脳でたくさんつくられ、それがはたらくということが考えられます。最後に、これは私の個人的な考え方ですけれども、Life is wonderful. といえる心、あるいはそういう心がもてるような社会、それをつくることが「がまんできない」を考える上で非常に重要ではないかと考えています。

コ ラ ム

7α-ヒドロキシプレグネノロンの生理作用と作用機構

脳にはまだ発見されていないニューロステロイドが存在していると考えられます。事実、最近のわれわれの研究により、新しいニューロステロイドが発見されました。この新規ニューロステロイドは、高速液体クロマトグラフィー（HPLC）、薄層クロマトグラフィー（TLC）、ガスクロマトグラフ質量分析（GC-MS）を用いた生化学的解析の結果、プレグネノロンを基質として合成される7α-ヒドロキシプレグネノロンであることが明らかになりました。この新規ニューロステロイドは脊椎動物の脳に共通に存在しており、その合成量が性腺や副腎などの末梢内分泌腺と比較して多いことから、重要なニューロステロイドの発見となりました。

多くの野生動物では繁殖期に自発運動量や生殖行動などの本能行動の発現が著しく増加します。この新規ニューロステロイドは行動を支配する脳幹で合成されており、繁殖期に合成が著しく増加します。繁殖期に増加するこの新規ニューロステロイドの生理作用をイモリで解析した結果、繁殖期に増加する7α-ヒドロキシプレグネノロンはイモリの自発運動量を増加させる新規の神経活性ニューロステロイドであることが証明されました。脳幹で合成された7α-ヒドロキシプレグネノロンは後隆起核や腹側被蓋野のドーパミンニューロンに作用して、自発運動を支配する線条体と側坐核へドーパミンの放出を促すことで自発運動を高めることがわかりました。この研究成果は米国科学アカデミー紀要から掲載されました。

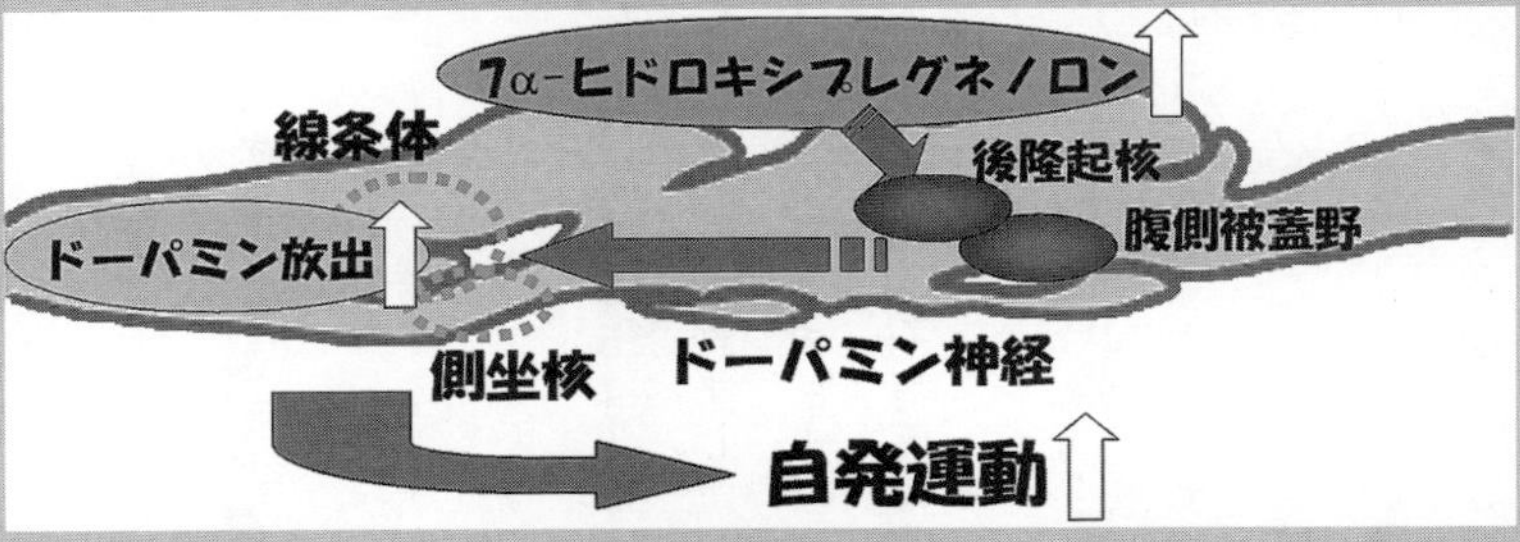

「がまんできない」の症候学―高次脳機能の立場から―

早稲田大学教育・総合科学学術院　教育心理学教室　教授　坂爪　一幸

一、「がまん」と抑制

(一) はじめに

私の話には「『がまんできない』の症候学」という演題をつけました。筒井先生は非常に緻密な、ニューロホルモン、ニューロステロイドといったミクロなレベルのお話をされました。私のほうは行動レベルで、脳に損傷を負った場合に現れやすい抑制障害に関連したさまざまな症状、この現象を理解することで「がまんできない」ということがどういうことなのかを考える機会になればと思いました。

成人の脳損傷後の高次脳機能障害の患者さんに現れてくる「がまんできない」状態、実はこれは神経成熟が未熟な子どもたち、あるいは発達障害の子どもたちにも当然現れてきています。そのときにただ「がまんができないね」とか「こらえがきかないね」ということだけで済ますのではなくて、「がまんのきかなさ」や「こらえのきかなさ」のベースには一体どんなことがあるのかということを、考えなければならないと思います。そうしないと「がまんできない」ということに関して、どういうふうに治療的あるいは教育的に対応したらよいのかがわからないと思います。これらのヒントあるいはきっかけになるようなことをお話しできればと思います。

㈡ 「がまん」の意味と抑制

改めて、「がまん」というのはどういうことなのか、広辞苑で引いてみました。そしたら四つくらい意味が出ていました。われわれが普段思っている「がまん」とは異なる意味が含まれていることを今回改めて知りました。それは、「自分を偉く思い、他を軽んずること」これも「がまん」だそうです。他に、「我意をはり、他に従わないこと」、これが「がまん」の意味合いだというのはわかります。さらに、「耐え忍ぶこと。忍耐」これもそうですね。ほかに「入れ墨のこと」というのが入っていました。この「自分を偉く思い、他を軽んずること」と「入れ墨のこと」は今日の話には関係ありません。「我意をはり、他に従わないこと」、そして「耐え忍ぶこと。忍耐」ということが今回のテーマである「がまん」の意味になるだろうと思います。「がまんできない」とはこれらができないということになります。

ただ、「がまん」という言葉では脳の機能と直接には結びつけづらいので、脳の機能と結びつけるために、「がまん」ではなくもう少し専門的な用語である「抑制」という言葉を使いたいと思います。「抑制」も広辞苑で引いてみたら、「おさえとどめること」と「精神的、生理的機能が他の機能を抑えてその実現を妨げること」ということが書かれていました。

二、前頭葉と前頭葉機能

㈠「がまんできない」と抑制と前頭葉

「がまんできない」あるいは抑制というのは、前頭葉系の働きと深く関連していますので、その前頭葉の働きの話をいたします。その前頭葉に損傷を負ったときに、「がまんできない」ことがどのように現れてくるのかということをお話しします。また「がまんできない」という状態が日常生活を妨げるほどには現れてきてはいないけれども、つまり日常生活はそれなりに送れるのですが、どうも「がまんがうまくできない」場合もあります。このような状態を、神経心理学（高次脳機能障害学）の立場ではどんな検査で調べているのかを紹介します。そしてそれらへの対応の問題も少しお話ししようと思います。

㈡　前頭葉の位置

最初は前頭葉と前頭葉機能についてお話しします。はじめに前頭葉の位置ですが、大脳の真ん中に中心溝という溝があります。この溝を境にして、大脳を前方と後方とに分けることができます。大脳の前方部分が前頭葉になります。さらに前頭葉には前頭前野という領域があります。中心溝のすぐ前に中心前回というのがあります。中心前回は運動野です。運動野のある中心前回を除いたさらに前の方の領域が前頭前野です。

㈢　前頭葉の機能

前頭前野には主にどのような働きがあるのかというと、遂行機能という働きがあります。前頭葉の下の方には話す働き、そして抑制の働きがあります。言葉を理解する働きは側頭葉にあります。このあたりが今日の中心テーマになるかと思いますが、これらが前頭前野の機能になります。

前頭葉の機能については、少し以前の本を見ますと、「よくわからない」と書いてあることが多いです。現在も前頭葉の概念にはあいまいなところが残っていますが、かなりわかってきています。

前頭葉の機能を解剖学的な概念と行動学的な概念とで分けてみました。解剖学的な概念では、前頭葉の働きは、脳の真ん中から後ろの領域の働きを制御している、あるいは最高次の脳機能と呼ばれたりもします。言語や認知などの他の機能を統合する最も高次の機能であるといわれます。

心理学的・行動学的な概念では、前頭葉は作動記憶を担っている場所だといわれます。作動記憶とは、見たり聞いたりした情報を一時的に保持しておき、そして保持した情報をいろいろに加工する記憶のことをいいます。長い時間とどめておく記憶には長期記憶という別の名前が付いています。作動記憶は一時的に情報を蓄えて保持して、それを加工する意識的な記憶です。ですから気を抜くと情報はすぐに作動記憶から消えてしまいます。

前頭葉の機能には、遂行機能というものもあります。これはレベルの高い行動を行うときに必要な働きです。何か目的を立てて、その目的をどうしたら達成できるか計画を立てて、実際に実行して、自分の設定した目的と実際の行動が合っているかどうかを評価して、必要に応じて誤差を修正したり、あるいはさらに効率化したりする、これら一連の過程を総称したものが遂行機能です。いずれにしても、言語や認知などの機能に対してアクセルやブレーキを踏み分けている制御的な、より高次の働きと考えてもらえばよいと思います。

三、前頭葉損傷後の高次脳機能障害と「がまんできない」状態

(一) 前頭葉損傷の最初の症例

それでは前頭葉に損傷を負った場合にどのようになるのでしょう。歴史的には学術的な文献として記載された前頭前野損傷の最初の症例といわれている方がフィネアス・ゲージ（Phineas Gage）さんです。この方は鉄道のレールを敷設する工事をやっていた人です。非常にしっかりした人で、工事現場の責任者をやっていた方です。フィネアス・ゲージさんは岩を砕くために火薬を使って発破作業を行っていました。そのときに事故が起こってしまいました。火薬の爆発で長い鉄の棒が頭に突き刺さってしまいました。フィネアス・ゲージさんの頭蓋骨は現在も保管されて残っています。またフィネアス・ゲージさんのデス・マスクも残されています。この事故後のデス・マスクには額に膨らんだような箇所がみられます。鉄の棒が突き刺さった傷跡でしょうか。鉄の棒と頭蓋骨はハーバード大学の医学博物館に陳列されていると記憶しています。

フィネアス・ゲージさんの事故は一八四八年に起きました。フィネアス・ゲージさんが二五歳の時です。亡くなられたのは一八六一年です。事故に遭うまでは、有能で非常に効率的に現場を監督する役割を担っていたといわれています。フィネアス・ゲージさんは人柄も非常にバランスが取れていて、情緒的にも精神的にも安定していた方だったそうです。それが事故後は気まぐれで、下品で、仲間に敬意を示さなくなりました。また辛抱強さを失いました。さらに、頑固な反面、移り気で優柔不断、そして将来の行動プランが立てられず計画力が欠如してしまいました。このように変わってしまいました。まさに「がまんできない」という状態になりました。つまり、

抑制がきかない人格に変化してしまいました。「がまんできない」ということの現れが数多く記載されています。実は「がまんできない」状態にはいろいろなレベルがあります。このことを知ってもらうのが大事ではないかと思います。

ちなみにこのフィネアス・ゲージさんを診察・治療して、これまで述べたような事故後の人格の変化を論文に記載した人はハーロー（Harlow, J. M.）さんという医師です。先ほどお話ししたように博物館に、このフィネアス・ゲージさんの頭蓋骨が残っています。この頭蓋骨の損傷を受けた箇所、穴の空いた部分を参考にして、一九九四年にダマジオ（Damasio, H.）さんというアイオワ大学の神経学の研究者が脳のどこに損傷を受けたかをコンピュータ・グラフィックスで復元しました。すると鉄棒が頬のあたりから入り脳の前方部分を貫いてしまったことがわかりました。要するに前頭葉です。それもかなり前の方の前頭前野と呼ばれる領域です。ここに鉄棒が刺さって破壊されてしまったわけです。バーモント州にフィネアス・ゲージさんの記念碑が建てられています。記念碑にはダマジオさんが復元した鉄棒が刺さった図柄がレリーフ彫刻されています。医学的に非常に重要な情報を提供してくれたことの記念だと思います。

(二) 前頭葉内の領域と損傷後の症状

前頭葉は脳の他のたくさんの領域と連絡を取り合っています。前頭葉は大きく三つの領域に分けて考えられています。ひとつは前頭葉の背外側面です。もうひとつは眼窩面です。眼窩というのは目玉のくぼみで、目玉のすぐ上が眼窩面になります。あとひとつは前頭葉の内側面です。三つの領域に分ける理由は解剖学的にも根拠があります。たとえば前頭葉の背外側面は頭頂連合野や側頭連合野と非常に太い神経の束でつながっています。眼窩面もそうですね。前頭葉の内側面も特に感情や記憶に関係する側頭葉の内側と非常に密接に連絡ができています。このような解剖学的な根拠もあり、前頭葉を背外側面、眼窩面、そして内側面の三つの領域に分けて、それらに損傷を負ったらどうなるのかを考えています。

前頭葉のこれらの領域を損傷するとどのような状態になりやすいかということは、ある程度わかっています。前頭葉の背外側面に損傷を受けると、遂行機能障害症候群（dysexecutive syndrome）が現れます。前頭葉の眼窩面に損傷を受けると、脱抑制症候群（disinhibited syndrome）が現れます。そして、前頭葉の内側面に損傷を受けると、無欲無動症候群（apathetic-akinetic syndrome）が現れやすいです。

(三) 行動の階層性とその障害

人間の行動を少し階層的に考えたときに、行動はたくさんの反射の組み合わせで成り立っていると考えられます。行動を構成している要素的な単位が反射です。このような反射的行動が組み合わさって、また日常の中で繰り返し行われて自動化されたものが習慣的行動です。習慣化された行動よりもレベルの高いものが日常的行動です。そして、非常に高いコントロールが必要とされるのが職業場面や社会的場面での行動と考えられます（図1参照）。

行動をこのように階層的に分けた場合、無欲無動症候群で意欲がなくなると、慣れ親しんだ習慣化した行動でさえ実行しなくなってしまいます。要するに、じっとしているだけになってしまいます。無欲無動症候群の場合、反射的行動以外の上位の行動がすべて妨げられてしまいます。

- 遂行機能障害症候群
  - 計画性の喪失
  - 前頭葉背外側面の損傷
- 脱抑制症候群
  - 抑制の喪失
  - 前頭葉眼窩面の損傷
- 無欲無動症候群
  - 自発性の喪失
  - 前頭葉内側面の損傷

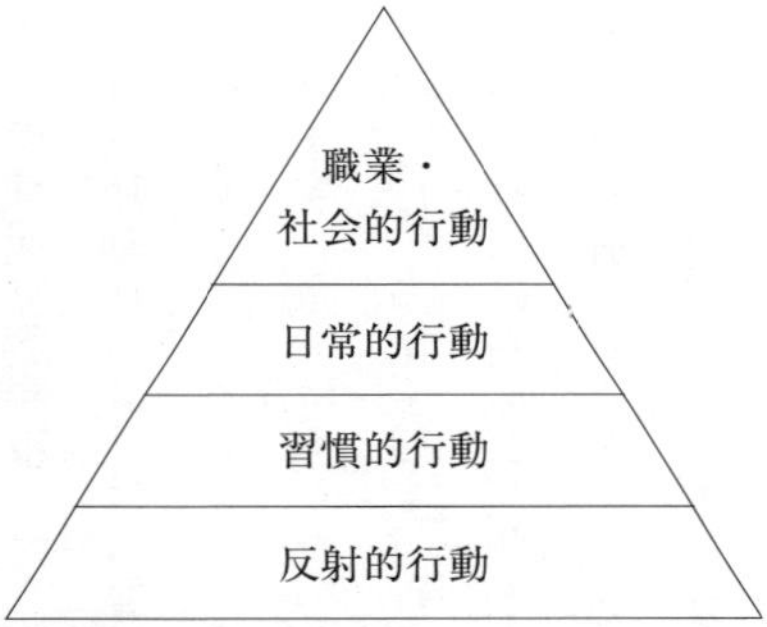

図１　前頭葉機能障害と行動の階層性

脱抑制症候群では習慣的行動は大丈夫ですが、抑制がうまく働かないために日常生活上の行動でトラブルを起こしやすくなります。もちろん社会的な場面や職業的な場面での行動もトラブルがたくさん起きてきます。遂行機能障害症候群では、習慣的行動や日常的行動はうまく実行できます。しかし計画性がなくなってしまうために、職業的な場面や社会的な場面での行動が苦手になります。前頭葉損傷後に生じやすいこれらの障害について以下にもう少し詳しく紹介します。

㈣　遂行機能障害症候群

遂行機能障害症候群では、行動に計画性がなく、行動の段取りが悪く、行動にまとまりがなくなります。また見通しを立てた行動やスケジュール化した行動ができなくなります。さらに生活上の行動に多様性がなくなり、定型的な行動が多くなります。遂行機能障害症候群は前頭葉の背外側面の損傷で現れてきます。

㈤　脱抑制症候群

脱抑制症候群では抑制がきかなくなります。感情や気分が簡単に変わったり、後先を考えないで行動したり、注意が散漫になったりします。抑制の低下に関連した症状に、運動維持困難症（motor impersistence）という状態があります。単純な運動や動作を維持できない状態です。「止めって言うまで口を開けていて」と指示しても、すぐに口を閉じてしまいます。あるいは目を閉じさせておいて、「止めって言うまで目を開けないでください」と指示しても、すぐに目を開けてしまいます。これも前頭葉の損傷、特に右側の前頭葉損傷と関係が深い症状です。

場合によっては状況に係留された行動が現れます。これは環境依存症候群という状態です。後でお話ししますが、自分の行動の自立性が失われて、目の前にある刺激に依存した行動が強く喚起される状態になります。脱抑制症候群は前頭葉の眼窩部を損傷したときに現れてきます。

(六) 無欲無動症候群

無欲無動症候群では自発性や意欲がなくなります。自発性が減退したり、考えたことを行動に移せなくなったりします。喜怒哀楽がなくなり淡々としています。行動を開始することが困難になります。頭ではやりたいという意志はあるのですが、実際の行動に移せません。いわゆる〝有言不実行〟の状態です。行動を始めてもすぐにやめてしまい維持できません。

前頭葉には右側と左側がありますが、両方の前頭葉の内側面を損傷しますと、無欲無動症候群が非常に強い状態といえる無動無言症（akinetic mutism）を呈する場合があります。全く動かない、全く話さない状態になります。意識障害ではなく目覚めているけれども、自分からは外側に一切意思表示をしない状態になります。

(七) 道具の強迫的な使用行動

他にも前頭葉損傷と関連した「がまんできない」、「こらえられない」状態を示す症状があります。ひとつは道具の使用行動（utilization behavior）と呼ばれるものです。道具を見ると、思わず手にとって使ってしまいます。場合によっては強迫的に使ってしまいます。「使わないでください」といっても使ってしまいます。検査場面で「使わないでください」といって患者さんの前にカナヅチを置きます。するとすぐに手を伸ばしてカナヅチを持って叩く動作を行ってしまいます。クシも同じです。「これを使わないでください」といって前に置くと、クシを手にとって髪をとかす動作をしてしまいます。道具に対してだけこのような状態が現れます。道具というのはそれ自体に使い方が内在しています。本人の意思とは無関係に、過去に学習された道具の使い方という行為のプログラムが強制的に喚起されてしまい、それを抑えることができないような状態です。道具の存在が、その使用動作という習慣的な行為を強制的に誘発してしまいます。

(八) 環境依存症候群

行動プログラムの強制的な喚起が道具に限られない場合があります。環境依存症候群（environmental dependency syndrome）という状態があります。状況刺激に習慣的な仕方で行動してしまいます。行動が環境刺激に強く係留され束縛されてしまいます。たとえば、ドアを目にすると他人の家のドアでも開けてしまいます。窓を見ると他人の家の窓でもガラッと開けてしまいます。環境依存症候群を最初に記載したのはフランスのレルミット（Lhermitte, F.）さんという神経学者です。その人の記載した患者さんは、壁に傾いて掛かっていた絵を目にすると、すぐにその絵に近づいていってパッと直したそうです。このように、自分を取り巻いている状況に自分の行動が強く引っ張られてしまうのが環境依存症候群です。目にした刺激に対して行動が誘発されて、それを抑制できなくなってしまいます。いいかえれば、目立つ刺激の誘惑に対して抵抗できなくなってしまいます。

誘惑への抵抗が弱いのは前頭葉損傷の患者さんだけではありません。年齢の幼い子どもも同じです。年齢の幼い子どもの目の前にお菓子を置いて、「これ食べちゃダメだよ」といっても食べてしまいますね。また、面白そうなおもちゃを見せて、「これで遊んじゃダメだよ」といっても遊びます。いわれていることはわかっているのですが、つい行動にでてしまいます。食べるという欲求をこらえることができない、遊びたいという欲求をこらえることができない、という状況ですね。このような行動に関連する抑制の困難さは、脳の中心部にある基底核と前頭葉の内側面との連絡が重要であるとされています。

四、抑制（前頭葉機能）の障害と検査課題

(一) さまざまな抑制

今までお話ししてきたのは、「がまんできない」状態が、行動レベルで現れて日常生活を妨げるほど程度の強い場合です。もっと程度の軽いときには、日常生活には障害が目立っては現れないのですが、どうも少し変だなということがあります。このような場合には、検査課題を利用して障害の存在を確認します。

実は抑制にはさまざまなレベルがあります。定位反射の抑制、運動・動作の抑制、認知の抑制、注意の抑制、概念の抑制、社会的行動の抑制などがあります。これらについて検査課題で調べなければなりません。以下に各階層の抑制障害と関係する検査のうち主なものを紹介します。

(二) 定位反射の抑制障害と観察の要点

定位反射の抑制を調べるのには、特に決まった課題があるわけではありません。行動観察が基本です。定位反射とは別名「これは何だ反射」と呼ばれるものです。何か音がしたときに、あるいは視野を何かがよぎったときに、それが何かを確かめるための反射で、人間や他の生物にも生得的に組み込まれています。たとえば後ろからガサッと音がしたときに、すぐにそれが何かを確認しなければ、弱肉強食の動物の世界では敵に襲われてしまう危険性があります。刺激の源、つまりその刺激が何なのかを確かめて、すぐに対応しなければいけないわけです。その刺激の正体を確かめるために、その刺激の発生した方向に顔や視線を向けることになります。これは生存のために組み込まれている反射的な行動です。

定位反射は刺激を繰り返し経験することによって抑制されて生起しなくなります。刺激の正体が何かがわかると定位反射は生じなくなります。通常は、刺激の反復経験によって定位反射が抑制されます。定位反射の抑制ができないと、刺激に対して絶えず定位反射が生起することになります。行動上は物音が聞こえるたびにそちらのほうを振り向くとか、視野を何かがよぎるたびに、視線がそちらの方に向かってしまうことになります。要するに状況の刺激に対して、定位反射が亢進してしまい、必要以上に注意が奪われて、全体としては落ち着きがないという状態になります。いわゆる注意欠陥/多動性障害（ADHD）の場合、特に年少者の注意欠陥/多動性障害ではこのような傾向が非常に顕著に見受けられます。

㈢ 運動・動作の抑制障害と検査課題

次に運動・動作を適切に抑制することができない状態についてお話しします。このような場合には、運動の切り替えが滑らかにできなくなってしまいます。これも前頭葉機能の検査の一種ですが、ロシアの神経心理学者のルリア（Luria, A. R.）さんが考えた検査です。皆さんに少しやってもらおうと思います。ひざの上に手を置いて最初にジャンケンの「グー」の形を作り、その次に「手刀」、そして「パー」の形を作ります。「グー―手刀―パー」、この順番で手の形を滑らかに切り替えて作り続けます。なかなかむずかしいです。この手の形の切り替えをなめらかに行うためには、抑制が適切に働くことが必要です。余計な運動を行わないように抑制が適切に働かないとうまくできません。慣れた系列的な動作とは違い、このような普段あまりやったことがない新規な系列的動作を学習して、他の動作に置き換わらないようにするためには、かなりの抑制が必要です。

運動・動作の抑制の検査には幾何学的な形を連続して紙に描いてもらう課題もあります。「⊓⋀⊓⊔⋀⋀⋀……」の系列で横向きに描いてもらいます。実際に描いてもらう際には、ペンを紙から離さずに続けて描いてもらいます。これを前頭葉損傷の患者さんにやっていただきますと、形を適切に切り替えて描くことがなかなかうまくできません。たとえば「⊐⊔⋀⋀⊔⊐⊔⋀……」のように描いてしまいます。前の形を描く動作が後まで続いたりします。このような現象を保続といいます。要するに最初の動作を適切に抑えられないわけです。こういう単純な動作に関して、「がまんできない」ということが起こる場合があります。

㈣　認知の抑制障害と検査課題

次に、認知的な抑制について紹介します。認知的な抑制の困難さをみるのにはストループ・テストというのがあります。「赤・黄・青・緑」の四種類の漢字が五〇個程並べて書いてある図版を使います。検査図版は二種類あります。ひとつの図版では漢字と文字印刷の色が一致していま す。つまり「赤」は赤色、「黄」は黄色、「青」は青色、「緑」は緑色で印刷されています。この漢字をできるだけ速く音読してもらいます。もうひとつの図版では漢字と文字印刷の色が一致していません。「赤」は青色、「黄」は緑色、「青」は赤色、「緑」は黄色で印刷されています。この場合、漢字の文字ではなく、色名をできるだけ速く呼称してもらいます。たとえば、青色で印刷された「赤」の漢字は〝アオ〟と読まなければなりません。

成人の場合は、漢字（文字）の読みという認知的な技能は過去の経験で、十分に学習されて習慣化しています。漢字の読みが非常に優勢な反応になっています。この優勢な反応を抑えて、色名を呼称しなくてはいけない課題です。読字という習慣化された認知技能を抑制して、色名を呼称しなければなりません。前頭葉損傷の際には、このようなことが苦手になる場合が多くあります。色名の呼称にすごく時間がかかったり、色名ではなくて習慣化された漢字の読みに置き換わったりという誤りが生じたりします。

㈤ 注意の抑制障害と検査課題

注意を切り替えること（転換性注意）がむずかしくなる場合があります。注意を適切に抑制して転換する能力を確かめる課題にトレール・メイキングテストがあります。このテストにはパートAとパートBがあります。パートAは紙にランダムな位置に印刷された1から20までの数字を順番にペンで結んでいく課題です。「1―2―3……」というように順番につないでいきます。パートBは数字とかな文字が紙にランダムな位置で印刷されています。この数字とかな文字を交互に順番に結ぶ課題です。「1―あ―2―い―3―う……」というように、数字とかな文字とを交互に順番に結んでいかなくてはなりません。注意を適切に抑制して転換することが必要です。

㈥ 概念の抑制障害と検査課題

概念の抑制に関連した検査にウィスコンシン・カードソーティングテストがあります。「形・色・数」の三つの属性から構成された図柄のカードです。全部で四八枚あるこのカードを何らかの基準で分類し続ける課題です。分類基準は検査者の方では告げません。被検査者はこちらの立てている分類基準を推測してカードを分類しなくてはなりません。最初は何もヒントがありませんから、自分の思うままに分類します。たとえば「形」を基準にして分類します。その分類に対して検査者は「正解」・「不正解」を告げます。また検査者の分類基準は適宜に変更されます。被検査者は検査者から告げられる「正解」または「不正解」を手がかりにして分類基準を推測してカードを分類し、また適宜に分類基準を変えなければなりません。

要するに、分類基準という概念を正確に形成して、結果に応じてその概念を転換しなければならない課題です。一度形成した概念を適切に抑制して転換することが必要です。前頭葉損傷の場合には、一度形成した概念にこだわって、それを転換できない保続という誤りが現れやすいです。

(七)　思考の抑制障害と検査課題

思考（手順の計画）の抑制に関連した検査課題には「ハノイの塔」という課題があります。三本の棒が立っていて、最初は左端の棒に大小八枚の円盤が大きさの順に積み重なっています。一番下が大きい円盤で上にいくほど小さい円盤になります。この初期状態にある円盤を移動させて、右端の棒に初期状態と同じ状態に積み重ねるという課題です。ただし円盤を移動させるときには次のルールがあります。①一度に一枚の円盤しか移してはいけない。②小さい円盤の上に大きい円盤を置いてはいけない。この二つのルールを守って、最小の移動手順で実行するという課題です。

余計な考えを抑制して、先を見越して実行しないと最小手順で解決できません。思いつくままに円盤を移動させたのでは、移動に必要な手順はどうしても多くなってしまいます。どんな手順で実行したら最小の手順になるかを計画して、余計な手順を踏まないように、思考に抑制をきかせながら実行していかなければなりません。前頭葉損傷の場合には、衝動的に実行してしまう傾向が強く、このような課題が苦手になりやすいです。

(八)　社会的行動の抑制障害と検査課題

社会的行動の抑制をみる検査にはギャンブリング課題があります。簡単に説明すると、二つの裏返しになったカードの山から、カードを適宜に選択し続ける課題です。ひとつのカードの山はハイリスク・ハイリターンです。一枚とるたびに一万円もらえます。ただし一〇枚に一枚は一二万五千円の損失が生じるカードが入っています。最終的には損をするカードの山です。もうひとつのカードの山はローリスク・ローリターンです。一枚とるたびに五千円しかもらえません。また一〇枚に一枚は二万五千円を損するカードが入っています。最終的には得をするカードの山です。

前頭葉損傷、特に前頭葉眼窩面の損傷ではハイリスク・ハイリターンのカードの山を選択しやすい傾向があります。目の前の儲けの大きい方に強く引きつけられてしまって、最終的には損をすることがわかっていても、その選択を抑えられない状態です。お金という社会的な欲求の目前の獲得に非常にひきつけられてしまって、最終的な得を達成できないということです。

五、「がまんできない」状態と前頭葉機能障害のまとめ

㈠　前頭葉機能と価値判断

要するに前頭葉機能というのは、われわれの心の世界と外側の世界をつなぐ、うまく生きるために必要な働きを担っています。注意、認知、記憶、感情、欲求などを適切に調節・制御する役割です。前頭葉が損傷されたり、前頭葉と他の脳領域との連絡がうまくいかなくなったりすると、注意、認知、記憶、感情、欲求などの各系の制御の困難さが現れやすくなります。

特に、認知系と感情系を統合させることができないと、意思決定がなかなかできません。われわれの外側の世界から入ってくる情報は本来的には中性的な情報です。その中性的な情報に対し

て、快・不快という感情的な値踏みをして情報に重みづけをして価値判断をしています。前頭葉損傷後にはこの情報の重みづけや価値判断がうまくできなくなることがあります。障害が軽度の場合には、たとえば私の経験した患者さんはたくさんの資料の中から重要な資料を選んで、要旨をつくるということができなくなりました。どの情報が大事でどの情報が要らないかという価値判断ができなくなりました。重みづけができずにすべて大事に思えてしまうために、文章を要約できなくなりました。そんな患者さんがいらっしゃいました。障害がもう少し重度の方ではお昼に何を食べたいかを決められなくなった方がいました。カレーとラーメンのどっちがいいのか、なかなか選べない。これも一種の価値判断です。

このような価値判断に関係が深いのは、前頭葉の眼窩面です。眼窩面は感情系と認知系を統合している領域と考えられています。前頭葉を背外側面、眼窩面、内側面と三つに分けましたが、前頭葉の最後まで残っている謎の領域はこの眼窩面です。研究者によっては、この領域をモラル・ブレイン（道徳脳）、あるいはエチカル・ブレイン（倫理脳）というように呼んだりしていま す。前頭葉の眼窩面の働きを指した呼び方です。

(二)　前頭葉機能の成熟

前頭連合野、側頭連合野、頭頂連合野は神経成熟が遅い領域です。年齢の幼い子ども、発達障害のお子さんや生徒さんでは、特にこれらの領域の成熟の遅さに伴う機能発達の未熟さが後々まで影響しやすいかもしれません。そうするとこれまでにお話ししてきたような、前頭葉を損傷した成人の方々が示しやすい状態と類似した状態を後々まで示す可能性があります。これらの領域

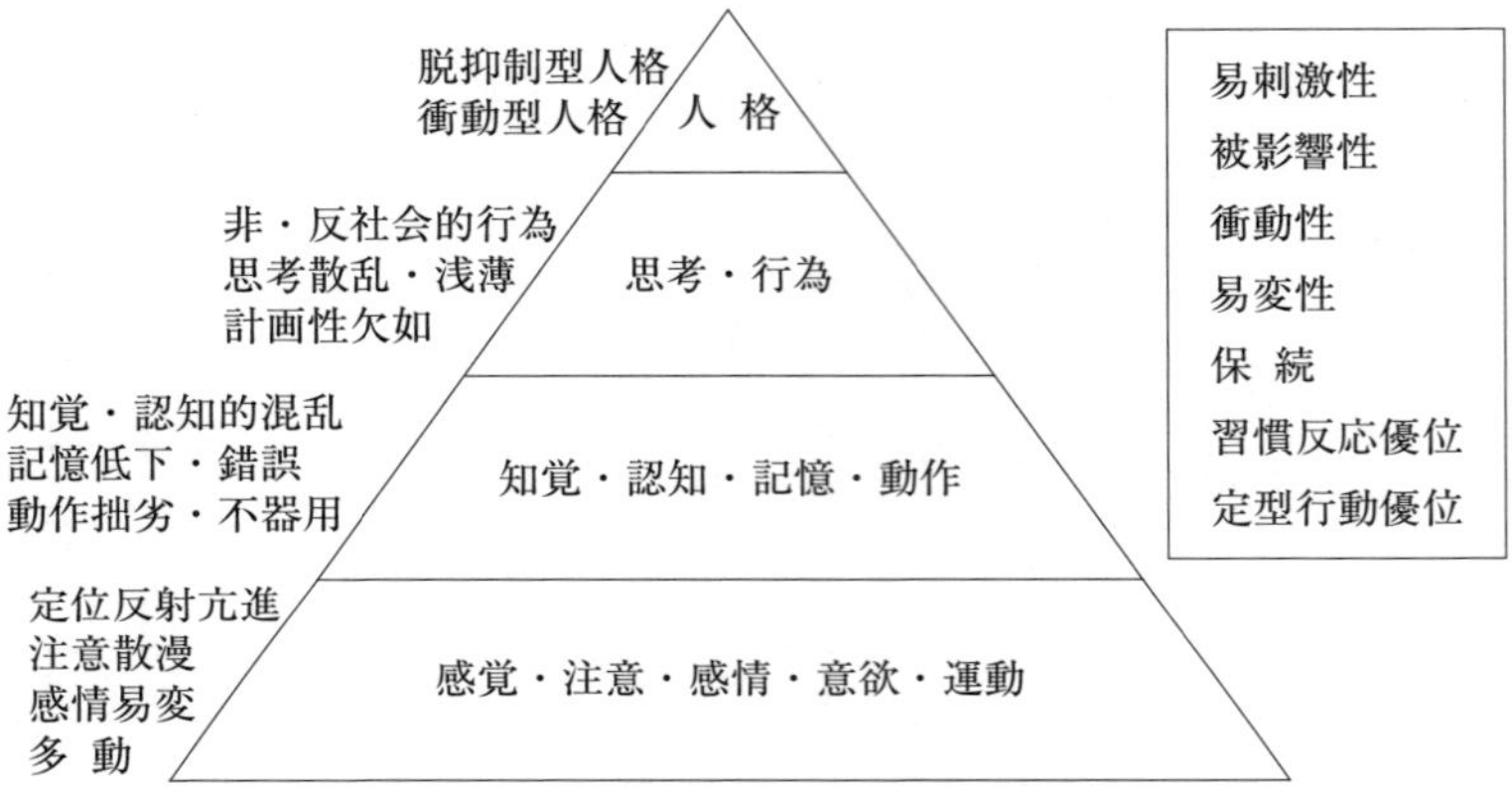

図2　人間の機能の階層性と抑制障害

の機能が発達してこないと、年齢の幼い子どもが示すような誘惑への抵抗への困難さ、また「がまんできない」という状態が続きやすいことになります。

㈢　機能の階層性と抑制の障害

これまで述べてきましたようにいろいろなレベルで「がまんできない」現象が現れてきます。人間の機能には階層性があります（図2参照）。この階層性の基底部分である感覚、注意、感情、意欲、運動のレベルで抑制がきかなければ、先ほどお話しした定位反射の亢進、注意の散漫さ、また運動レベルでの現れである多動ということになります。階層性の知覚、認知、記憶、動作のレベルで抑制がうまくきかなければ記憶の錯誤、動作の拙劣さ、動作の不器用さなどが現れてくるでしょう。そして、階層性の思考・行為のレベルで抑制がきかないということになれば非社会的・反社会的な行為、思考の散乱、思考の浅薄さ、計画性の欠如などが現れやすくなるでしょう。これらの階層性が統合されて人格が構成されています。このような人格のレベ

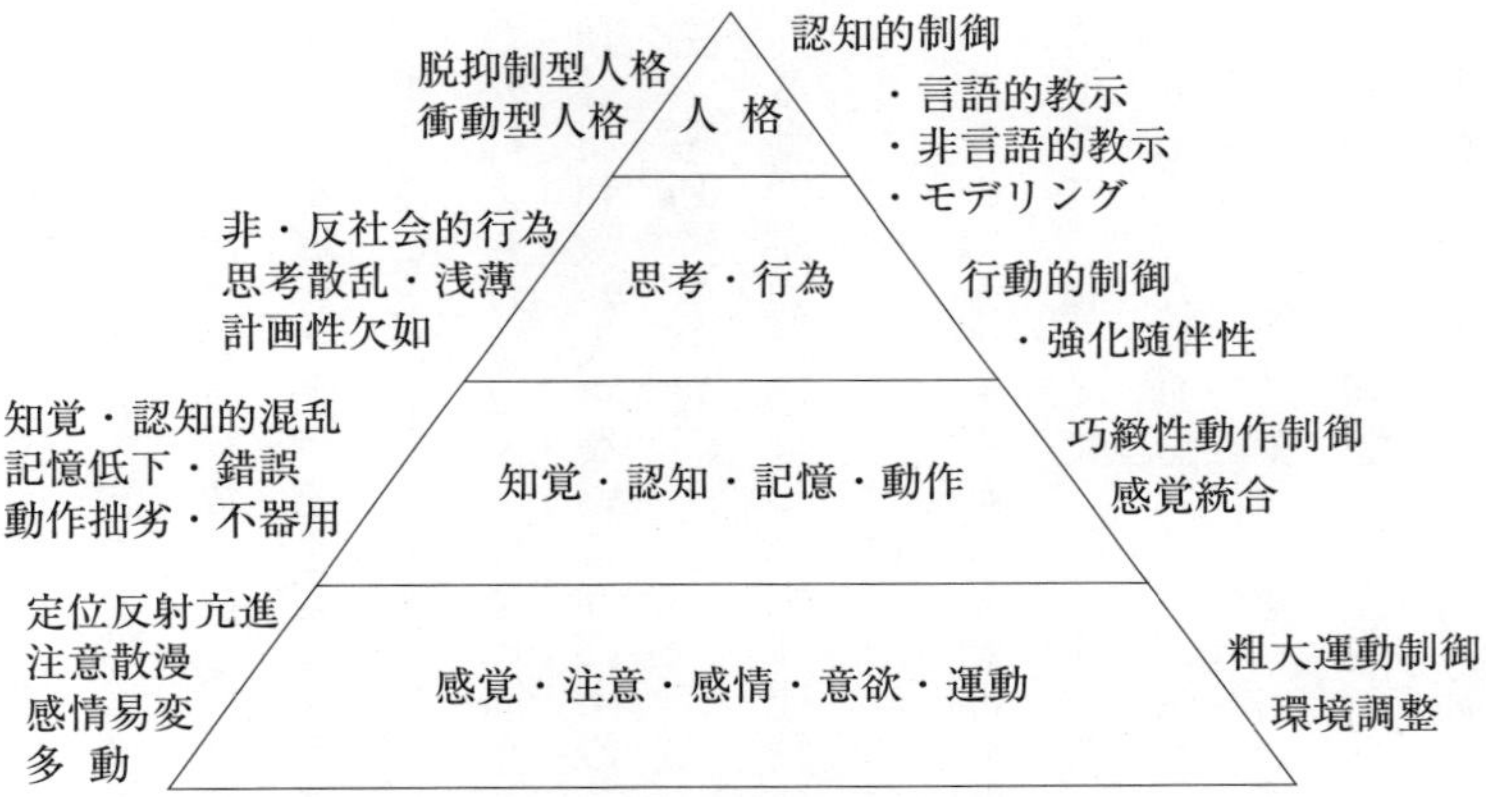

図3　抑制障害への階層的対応

ルで抑制がきかなければ、いわゆる人格障害、特に脱抑制型の人格障害、衝動型の人格障害といわれることになるかと思います。

階層性のどのレベルにも共通して抑制障害の存在を特徴づけているのは、刺激や環境からの影響を受けやすい（易刺激性・被影響性）、後先や結果を考えない（衝動性）、感情や意欲が変わりやすい（易変性）、同じ動作が続きやすい（保続性）、習慣的な反応が優位になる、定型的な反応が優位になるなどです。こういった特徴がそれぞれのレベルで現れてきます。

六、「がまんできない」状態への対応

(一)「がまんできない」状態の階層的な捉え方と対応

もし対策や対応を考えるのであれば、漠然と「がまんできない」というだけではなくて、「がまんできない」レベルがどこなのかということを正確に押さえなくてはいけないと思います。そのレベルにあった対応というのを考えていかなくてはいけないはずです（図

3参照)。

(二) 注意散漫(定位反射の亢進)への対応

もし人間の機能や能力の階層性の基底レベルで抑制に困難さが生じ、その結果として多動性や注意の散漫さが強い場合には、注意の散漫さを抑えるためには余計な刺激の入らない環境にその子どもを置いてあげる必要があります。何か音がしたらそちらを振り向くという定位反射の亢進を抑えることは難しいです。定位反射は生物が生きていくうえでの生得的なものですから、なかなか抑えられません。授業場面などで、その子どもに何かを学んでもらうとしたら、教室の中で余計な刺激が入らないようにするしかありません。このような環境調整が必要です。

(三) 多動性への対応

多動性が強い場合、つまり運動に対する抑制がうまくできない場合には、意図的な体の動作をたくさん行うことで、自分の身体の運動に対する意識性や制御性を高めることを指導しなくてはいけないはずです。私は多動性の強いお子さんには運動を勧めています。ただし好き勝手に運動させるのではなくて、速く走ってごらんとかゆっくり走ってごらんとか、何か意図的な制御をかませるような運動をたくさんやってもらいます。このようなことによって運動に対する抑制をつけてもらうという対策が考えられます。

(四) 微細動作の困難(不器用)への対応

階層性の上のレベルである動作の抑制(調整)がむずかしくて指先の細かな動作ができない(不器用)ということであれば、微細動作を意図的に実行するような課題でトレーニングすることになります。感覚統合的な考え方をすればいいわけで、作業療法的なアプローチになるかと思います。

(五)　問題行動への対応

また問題行動に対しては、その行動を引き起こしている刺激が何で、それを維持している強化要因は何かを分析して、それらの関係を操作することによって行動を変容させる行動療法が必要になります。

成人の場合には、自己教示法を使うと有効なことが多いです。自分のこれから行う行動をきちんと言葉で述べてもらって、それから次に実際の行動に移ってもらう手続です。後先考えないで行動しやすいということに対して、自分自身であらかじめ言語化することによって一回ブレーキを踏んでもらうわけです。自分が言語化した通りに行動してもらう自己教示法は認知行動療法の技法の一種です。われわれは前頭葉損傷の患者さんによく使っています。モデリングが有効な場合もあります。言語障害、言語遅滞があって、自己教示が無理な場合には、何か非言語的な手段でその行動の見通しなり、行動前にひと呼吸を置くような手段なり、こういったものを何か考えてあげなくてはいけないことになります。

(六)　おわりに

以上のようにいろいろな対応が考えられますが、もし対策を立てるのであれば、強調していいますが、「がまんできない」と漠然と捉えるのではなくて、階層性のどのレベルに「がまんできない」状態の中核が存在しているのか、またその「がまんできない」ことが他の階層性にどのように影響を与えているのかということを正確に理解しないと的確で具体的な対策は立てられないと思います。

時間がなくなりましたので、これで終わりにしたいと思います。「がまん」してご清聴いただきましてありがとうございました。

参考文献

坂爪一幸『高次脳機能の障害心理学』学文社、二〇〇七年

少年犯罪における「衝動性」―非行臨床の立場から―

専修大学ネットワーク情報学部・大学院文学研究科　教授　村松　励

一、はじめに

「がまんできない」ということ、衝動的であるとか、短絡的であるとか、そういう行動は特に少年の場合には、犯罪に端的に表れてくるのではなかろうかと、そのように考えております。本章では、少年犯罪を含む少年非行の特徴について明らかにし、それからその背景にある、心理・社会的要因について考察し、最後に再犯防止に向けて、どのような支援ができるのかということについて具体的に説明したいと思います。

二、「非行」とは

一般的には、広く非行少年や不良というような言い方をしますが、ここで述べる非行という場合には狭義の非行概念です。少年法による非行とは、次のような三種類の行為または行状の総称です。①一四歳以上二〇未満の少年による犯罪行為、それから②一四歳に満たない少年による刑罰法令に触れる行為、触法行為です。余談ですが、少年法が改正されて、触法少年であっても、少年院送致を可能にしようということで、一四歳未満、おおむね一二歳以上を少年院送致可能にしようという法案が二〇〇七年参院を通過しています。そして、③二〇歳未満の少年の虞犯です。虞犯というのは、普段聞きなれない概念かもしれません。犯罪を起こすおそれがあるということです。犯罪を犯すおそれがあるというと、誰でも犯罪を犯すおそれはあるわけですが、ここでいう虞犯というのは、抽象的な犯罪ではなくて、このまま放置すればすぐにでも、窃盗や恐喝、暴行であるとか、そういう犯罪を犯す可能性、危険性が高度に認められる場合、しかも、少年法で定める虞犯事由に該当するときに、虞犯少年というわけです。そういうことで、以上の三つを総称して、非行と規定しているということを最初に述べておきたいと思います。

三、非行の時代的変遷について

(一) 第一期の非行の特徴について

おおざっぱに、わが国における少年非行の増減の推移について犯罪白書（図1）を見てみたいと思います。ご覧のように、検挙人員で見てみますと、昭和二六年に第一のピーク、昭和三九年に第二のピーク、昭和五八年に第三のピークがあり、そして今、現在進行中となります。検挙人員でみていますが、少年の人口自体が減っていますので、増減を論じる際には、人口比でみるのが正確であります。しかし、三つのピーク、昭和二六年、三九年、五八年、今現在進行中という、このように四つの区分に分けて少年非行の動向というものを議論するのが一般的です。

戦後の少年犯罪というものをみていくと、昭和二六年をピークとする、昭和二一年から三三年までの時期を第一期とします。第一期の少年非行の特徴は、生存型、生きるための、あるいは生

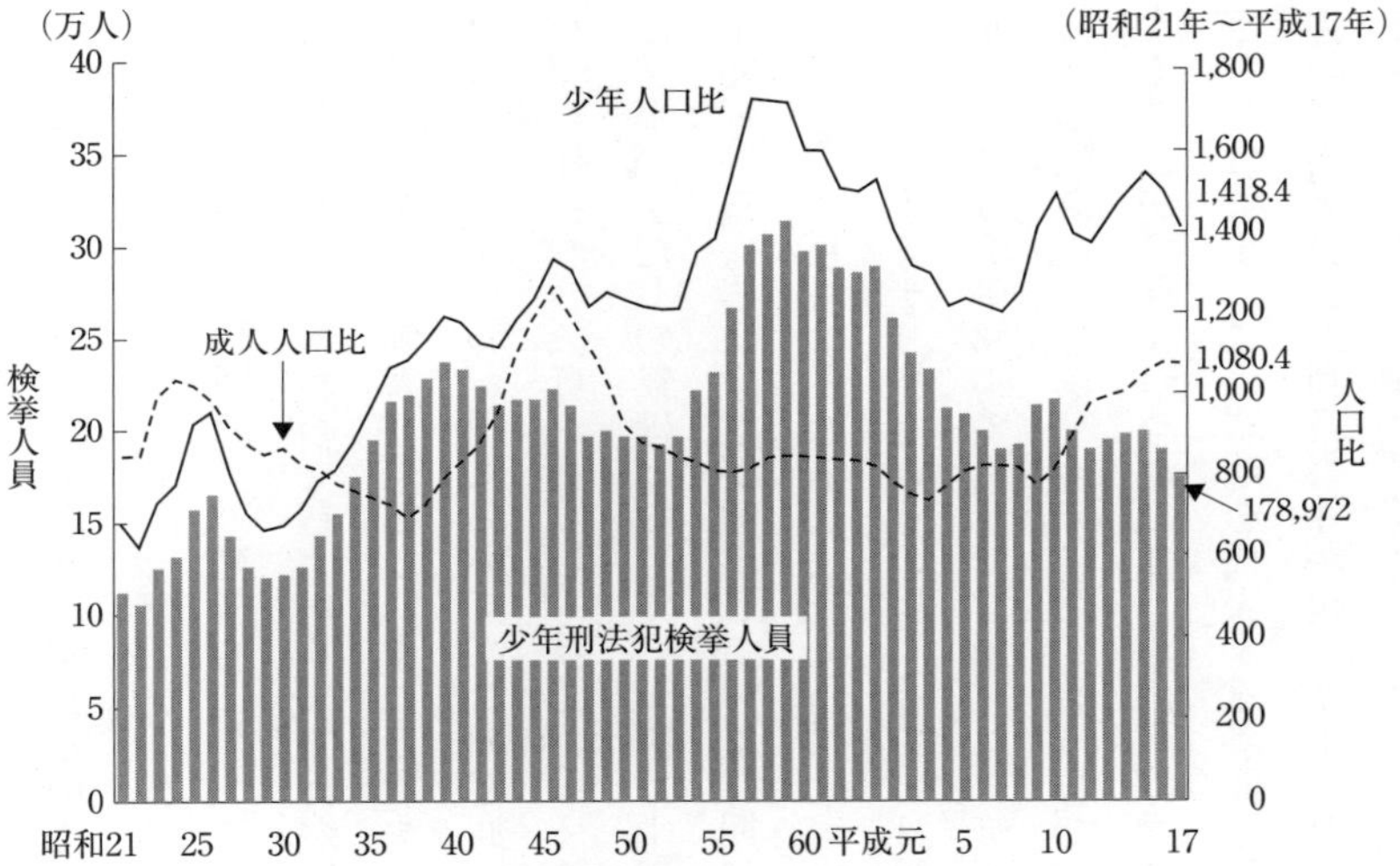

図１　少年刑法犯検挙人員・人口比の推移

注１　警察庁の統計及び総務省統計局の人口資料による。
２　触法少年の補導人員を含む。
３　昭和45年以降は、触法少年の交通関係業過を除く。
４「少年人口比」は、10歳以上20歳未満の少年人口10万人当たりの少年刑法犯検挙人員の比率であり、「成人人口比」は、20歳以上の成人人口10万人当たりの成人刑法犯検挙人員の比率である。
（平成18年版　犯罪白書より）

き残るための、非行が多かったといわれています。窃盗犯、占有離脱物横領罪が多く、この時期の少年犯罪は一八・一九歳が主流で、非行の主要因も貧困と家庭崩壊ということで、わかりやすかった時代といってもよいかと思います。この当時の少年の印象は、やはり暗くてひがみっぽい、反抗的で扱いにくい少年が多かったわけであります。代表的な事件としては、一九五八年の小松川女子高生殺人事件です。少年の家庭はとても貧困であったわけです。

(二) 第二期の非行の特徴について

次に第二期です。右上がりにずっと増えていくところです。昭和三九年といいますと、わが国にはオリンピックの開催、東名高速道路や東海道新幹線の開通に象徴されるような高度経済成長に向かっていく時期です。経済的に豊かになれば非行が減るのでは、と考えたわけでありますが、実はこのときにきわめて右上がりに非行が増えていく。特に粗暴非行の増加です。粗暴非行というのは、暴行、傷害、恐喝ということです。そしてこの時期は、ちょうど団塊の世代が中学生になる時期です。わが国において、この時期、少年が最も荒れていた時期です。相対的な欠乏感に基づく社会への敵意が表出し、今でいう格差問題が生じています。中学校を卒業しても高校への進学率がまだ七〇%ほどでして、三割は中学を卒業後すぐに働かざるを得ない、そういう状況の中で、いろいろな敵意が噴出していく時期であったわけです。同時に、この時期を特徴付けるものとして、反社会的な若者文化の台頭ということがあります。太陽族、カミナリ族、みゆき族などです。カミナリ族というのは、今でいう暴走族の元祖、これがこの時期出てきますし、みゆき族、これはチーマーの走りですね。フーテン族、これはGパン姿にロン毛で、シンナーを吸引して新宿駅あたりでラリっていた、酩酊していたわけです。その当時は毒物及び劇物取締法で規制することができなかったので、新宿駅付近ではシンナーに酩酊した少年の姿を目にすることができたわけです。この時期を代表する事件としては、一九六〇年、右翼の一七歳の少年による社会党の浅沼委員長の刺殺事件が起こりました。それから、一九六八年には永山則夫による連続射殺魔事件です。後に彼は、『無知の涙』とか、『木橋』という小説を書いています。それを読むと、すさまじい貧困と今日でいう虐待を見て取ることができるわけです。

㈢　第三期の非行の特徴について

第三期ですが、ピークは昭和五八年、一九八三年になります。「遊び型」あるいは「初発型」非行ということで、軽微な財産犯が非常に増えてきます。一九八二年に警察庁が命名したこの「初発型」というのは、初犯は軽微な財産犯であるが、その後放置しておくと非行性が深化して、恐喝や強盗といった非行にエスカレートする危険性がある。軽微な財産犯は、初発の段階できちんと手当てするようにということで、この時期は多くの軽微な事件が送致されてきたという背景があるわけです。また、非行の低年齢化ということがいわれた時期でもあります。そして高校中退者による非行も増え、高校を中退した途端に自己独自の生き方の方向付けができなくなる、いわゆる目標喪失ということから非行化していく事例も少なくなかった。この当時の代表的な事件としては、一九八九年、女子高校生監禁コンクリート殺人事件があり、これは遊び仲間による共犯事件です。

四、「現代型」非行について

㈠　第四期の非行の特徴について

一九九六年以降の非行について、現代型ということで、その特徴に関して明確にしていきたいと思います。一九九七年、警察庁が「いきなり型」非行ということをいい出すわけですが、これまでの強盗事件のような場合には、必ずその前に恐喝や、窃盗などの非行、つまり前歴を経て、強盗などへと非行性が深化していったわけですが、この時期には、初犯で、強盗致傷、傷害致死といった凶悪な非行が増えてきます。特に、強盗の場合には共犯率が高く、共犯者も、時には七人、八人と、大きいサイズの共犯事件が増えていくということになります。先ほど述べたように、戦後間もないころにも強盗が多かったのですが、ここに来て第四期に強盗が増えてきたということです。殺人はマスコミでいわれているようには増えておりません。昭和二六年にピークがあるわけですが、以後ずっと減ってきています。ただ、単独犯による殺人事件、動機がわかりづらいということで精神鑑定されるような事件が増えてきたということは、やはり質的な変化として、押さえておかなければならないと思います。

そういうことを受けて、犯罪社会学者の清永賢二先生が、現代型を説明するのに「衝動の論理」に基づく非行の増加を指摘しています。それまでの非行は、何かに反発、反抗し非行化するという意味で、それなりに共感ができわかる。しかしながら、この「衝動の論理」に基づく非行の場合、どうしてそんな些細な動機からそこまでするのかというような、動機と結果が結びつかない、そういう非行が増えてきます。個人的感情の瞬間的、衝動的な発露、共感がどうもできない、わからない、不気味である、こういうきわめてプリミティブな非行が増えてくるのです。

もうひとり、医療少年院の医務技官である奥村雄介先生ですが、彼は、現代型の少年非行をみていくと、二極化しているのではなかろうかと述べています。表1を見てください。凸型非行は、アメリカ精神医学会で出されているＤＳＭ-Ⅳの「行為障害（conduct disorder）」の診断基準を満たすもので、反社会的な行為を反復持続する行動様式ということです。反復持続する行動様式の

表1　少年非行の二極化

	凸型非行	凹型非行
行為障害	（＋）	（－）
家庭環境	崩壊家庭	家庭内暴力
対人交流	不良交友	ひきこもり
自己同一性	反社会的	非社会的
感情表出	大袈裟	短調・平板

（奥村、2001より）

特徴をもつ凸型の非行の場合、その背景には家庭崩壊や、不良交友、反社会的自己同一性、感情表出としては大げさといった問題をもっています。どこからみてもワル、ヤンキー、不良であるというわかりやすさがある。もうひとつの凹型非行、これは、行為障害の基準を満たさない。逆に非社会的で、引きこもっていたり、暴力といっても家庭の中で起きる。感情表出が単調・平板という特徴です。このような二極化現象のなかで最近は、凹型の単独犯が目立つ、ということになってくるのです。

(二)　非行の類型的理解

非行の類型的理解を試みていくうえで、単独犯と共犯というのは、ずいぶん違うわけです。特に「単独・いきなり型」の少年の場合、共犯に比べて、本人自身が抱えている問題が大きく深い、ケースによっては、発達障害や人格障害等も考えられるようなものが少なくありません。また、非行性が加齢に伴って深化していくタイプ、「エスカレーション型」というのは、行為障害というふうに考えてよろしいと思います。

「単独・いきなり型」というのは、量として増えているわけではないですが、質として目立っています。一九九七年の神戸児童連続殺人事件以降、このような事件が起きて、皆さんもご記憶に新しいと思います。

次は、最近の少年たちの特徴について、特に、少年院、少年鑑別所などの現場で処遇に当たっている人たちの印象をまとめたものを紹介します。たとえば「罪悪感に乏しい少年」、あるいは「加害者でありながらどこか被害者意識に甘える少年」（自分はたいしたことをやっていないのに逮捕された、などの被害者意識に支配されている）。それから先ほどいったとおり、「衝動的に非行に走る少年」、「共感性に乏しい少年」（相手の身になって考えることができない）、「困るけど悩めない少年」です。これは『「甘え」の構造』の土居先生が、非行の臨床、スーパーヴィジョンを通して、非行少年というのは困っているけど悩めないということを指摘しています。どういうことかというと、逮捕されて「彼女に面会できないから」とか「毎日風呂に入れないから」と困るけど悩めない、悩むというのはやはり加害者として悩むということです。非行臨床では悩めない少年にまず、悩んでもらうというところから始めなければならないのです。自分がやった加害行為に応じた加害者意識に悩むということです。

また、よくみられるタイプとしては、うまく対人関係をもてない少年たち。彼らは、少年院や少年刑務所でも、人と接触することを非常に嫌がります。なるべく規律違反行為をしてわざわざ単独室に入りたがる少年が増えてきたと聞きます。それで、集団教育、集団処遇といったものがしづらい、このように現場ではいわれているわけです。このような理由から、問題改善や人格を成熟させるのに時間と手間が掛かるということです。

㈢　非行のモデル的理解について

さて、こういった現状に対してどのように理解をしていくのか、妹尾先生の理解枠のモデルを提示してみますと、①家族成因モデル＝家族の機能不全の視点から理解していく方法、もうひとつは、②認知・情報処理モデル＝少年たちが独特の情報処理をしている、対人認知にゆがみが認められる、そして、③生物学モデルということです。

最初に、認知・情報処理モデルについて説明をしていきたいと思います。衝動的、短絡的に、暴行、傷害など攻撃行動を加えてしまう少年たちの認知のバイアスについてです。これは相手の言動の背後に悪意を邪推する、歪んだ対人認知ということです。たとえば、目と目が合っただけで普通の人は相手が自分にガンをつけてくるとは認知いたしません。あるいは混んだ電車でブレーキが掛かって隣の人が少しよろけてぶつかってきたときに、わざとぶつかってきやがったというふうには認知しません。犯罪を犯してしまう人たちには、相手の言動の背後に悪意を邪推してしまう、敵意バイアスというふうにドッジ（Dodge, K. A.）たちが呼んでいる認知があります。それから、自分は嫌われている、バカにされている、という歪んだ被害的な自己認知もあります。こういった敵意バイアスの発達過程というものは充分に明らかにされていませんが、少なくとも子ども時代の虐待、いじめ、その結果、安定した愛着形成ができないことがひとつの要因ではなかろうかと考えられております。そしてこれは臨床の現場においても認められているところであります。また、認知的バイアスに付け加えて考えられるのは、反社会的なスクリプト、解決策の幅が狭く、問題解決の際に攻撃的な行動が選択されやすい。すぐに暴力でことを解決しようとする、こういったものは親から学習されたものであるということです。それからまた、非行少年たちは独特な自己正当化をします。

サイクス（Sykes, G. M.）とマッツア（Matza, D.）は「中和の技術」と呼んでいますが、相手の落ち度を強調することによって相手の方が悪いのだという独特の認知、これらも敵意バイアスと深く関係しています。

先ほど、こういった認知のバイアスのかかってきた人たちが、虐待なりいじめなり、愛着障害が背景にあるだろうということを述べましたが、これについては、家庭裁判所調査官研修所の実証研究の中で、単独犯で幼少時から問題を頻発し、殺人などの重大事件を起こしたタイプに、幼児期から続いた体罰や虐待の経験があり、恐怖感や憎悪の感情が心の中に抑え込まれており、彼らが犯行時に感じた恐怖感や怒りの感情は、被害者に対する感情を超えた、きわめて強いものであった、ということを研究結果のひとつとしてまとめています。このようなことは、生徒の対教師暴力、先生に対するきわめて激しい攻撃行動を考えていく上で、被虐待仮説を考えてみることも可能ではなかろうかと思います。

㈣　非行と被虐待経験について

家裁調査官である籠田篤子さんが被虐待少年の事例研究を通して解明したこととして、次の点が挙げられます。①非行の特徴として無謀な運転、薬物乱用、自傷行為など自己破壊的な行為を繰り返すこと、②それから激しい攻撃性が、あるきっかけで外に向かい、殺人や傷害を犯す。きっかけは些細なことが多く、些細なことゆえに他者にはわかりづらい、彼らが大事にしているもの、携帯電話やオートバイであったり、そういうものを、たとえば取り上げる、そういった時に突然とキレたりする。激しい攻撃性が外に向かいます。時には殺人、傷害、傷害致死ということになります。それからもうひとつは、③問題行動を強迫的に繰り返すということです。いわゆる思春期の、一過性の荒れでは終わらないのです。

実際に、被虐待体験と非行との関連性については調査研究がなされています。児童自立支援施設の入所児童の約六〇％が親から何らかの虐待を受けてきたということがわかったのです。また、少年院に在院中の少年の約半数に被虐待の経験があることがわかった。少年院でみますと、男子と女子では女子の方が被虐待の経験の率が高い。虐待を受けた児童すべてが非行化するというわけではありませんが、非行化した人たちを調査しますと、虐待を受けていた子どもが半数、児童自立支援施設においては過半数になるのだということは、重大な問題ではなかろうかと思っております。

㈤　集団型非行の問題について

集団型の非行について問題にしておきたいのは、少年たちが手加減できないということ、それから被害者が送るサインが読めない、相手が鼻血を出す、倒れる（普通ですとそこで攻撃行動を中止するわけですけれども）、倒れてからなお加害行動を加えてしまうために、彼らが想像していた以上に重大な結果になってしまうということです。それから、他者と同調することによって他者と断絶する不安を回避しようとするメカニズム、あるいは状況に身を任すことによって、自己判断を避けている。戦後まもない頃も強盗事件は非常に多かったわけですが、当時の金品を何が何でも盗らなければならないといった、目標がはっきりした動機から、今はむしろ、犯行のプロセスそのものに意味を見出す、コンサマトリー性の動機に基づく非行へと変わってきたのです。非行の背景にあるのは、特に仲間集団における対人遊び、身体を使った遊びが少なくなってくる、ギャングエイジの体験の喪失、あるいは、「そこまではやらない」といった不良文化の伝承がなされていない、ということがあります。統計を見ますと、恐喝というのは、むしろ減っていますが、強盗が増えてきている。恐喝というのは対人技術が必要です。「どこの学校？」なんて言って、被害者を巧みに暗闇に誘い出して、そして、相手を畏怖させて、金員を脅し取るのです。対人技術が衰退してきますので、鉄パイプや金属バット、そういったもので殴って、金を強取するという手っ取り早い、プリミティブな犯罪が増えてくるということになるわけです。

㈥　衝動性について

こういう犯罪について、冒頭で述べた「がまんできない」という観点から、さらに検討を加えたいと思います。ほとんどの犯罪は、努力なしに、欲求を即時的に満たそうとする、短絡的な行為です。その背景にあるのは、ゴッドフレッドソン（Gottfredson, L. S.）たちのいう、低自己統制ということです。低自己統制の下位次元には、刹那主義、衝動性、単純課題志向、リスク・シーキング、身体活動性などがありますが、特にこの衝動性ということについて、尺度の項目を具体的にみますと、「何の考えもなしに思いつきで行動することがあった」、「先のことを考えず目先の楽しいことにはまった」というように、低自己統制において衝動性が中心的な特徴であることがわかります。

アメリカの典型的な非行少年について、ショウ（Show, C.）がインタビューをしたスタンレー少年の言葉について紹介したいと思います。彼がどのような自己認知や対人認知の歪みを持っているかを明らかにしたいからです。歪んだ自己概念ですが、彼は「自分は境遇の犠牲者であった。仲間から臆病者と思われたくない。俺はいつもひとりぼっちであった」と述べています。歪んだ他者認知としては、「なぜこの世は俺に一度も正当なチャンスを与えてくれないのか」。これは被害者意識といってもよいかもしれません。次に、衝動性についてですが、「子どものころから自分がどうにもできない、抑えられない衝動をもっていた」と告白しています。また、先ほどのリスク・シーキングですが、これについては、「犯罪には他では得られない魅力とスリルがあった」と語っています。最後には、「中和の技術」ですね、彼は「被害者は低俗な性倒錯者である」と、被害者を蔑みます。つくづく、洋の東西を問わず非行少年の心理は共通していると思います。

㈦　重大事件の実証研究

また、先ほど紹介した家庭裁判所における重大事件の実証研究の中では、重大事件を犯した少年を次の三つのタイプに分けています。①幼少期から問題行動を頻発していたタイプ、②表面上は問題を感じさせることがなかったタイプ、③思春期になって大きな挫折を経験して、非行化したタイプです。これは、野球やサッカーなどをやめたことなどをきっかけに大きく崩れていく、いわゆる「スポーツマン崩れ」というふうに呼ばれているものです。研究では、これらの三つのタイプにそれぞれみられる家族の問題に対して指摘をしています。タイプ①では、親自身に余裕がなく、育児不安を抱えたり、家族に皆で助け合うといった雰囲気が乏しかったりします。タイプ②では、親の期待を子どもが先回りして取り込んでしまい、ありのままの感情を押さえ込んでしまいます。また、夫婦間や家族の間に潜在的には深刻な葛藤があるのに、それが、夫婦喧嘩や、親子喧嘩、別居、離婚などの形で表面化することを恐れて、お互いに向き合って話し合うことができないのです。タイプ③では、子どもを過大評価してしまい、親にとって都合の良い「よい子」のイメージをつくりあげ、それが子どものすべてだと錯覚しているのです。子どもが挫折をすると自分たちの夢が奪われたような気持ちになって、手のひらを返したように無視したり、一方的に怒りをぶつけてしまう、そういう、きわめて幼児的な親の問題も指摘されているわけです。

五、どのような支援が必要なのか

認知・情報処理の問題と、家族機能不全といったところに焦点をあてながら、それではどのような支援が必要かということについて、説明をしていきたいと思います。

ひとつは、個人療法的なアプローチであります。最近、少年院では、認知行動療法、ＳＳＴなどが処遇の主流になっています。二つめは、家族へ介入していく、特に家族システム論に基づいた介入です。三つめに、関係する専門機関によるコラボレーション、チームアプローチがあります。

最初に、認知の修正を試みる個人療法的介入について説明したいと思います。少年たちはよく少年院内においても、いろんな問題行動を起こしてしまう。たとえば他の収容少年がけんかを売ってきたと誤った認知をしてしまいやすいのです。これは、すでに紹介した認知の歪みです。この場合、そのように考えられる根拠はどこにあるだろうか、相手がけんかを売ってきたと、どうして思えるのだろうかと考えさせます。「それはひょっとしたら自分の思い過ごしかもしれないし、相手ではなく自分がそのような気持ちだったので、相手が自分に攻撃を仕掛けてきたのだと、そのように勘違いをしたのかもしれないね」などといった介入によって、認知の修正を図っていくことができます。「親は面会に来たが、お前を引き取らないといっていた。俺は絶望だ」。このように少年が自暴自棄的になりそうな場合、「親が面会に来たということは君に対して何らかの関心があったのではなかろうか。心配していなければ面会に来ないよ」というような、認知の修正を行って、敵意バイアスの解消につなげていくわけです。

それから、自分の内的状況への気づきの促進も大切です。「今、むかついている。このままではキレそうだ……やばいぞ」といった具合に、自分の内的な状態を気づかせます。とりあえず深呼吸をするとか、数を数える、あるいはその場を離れるといったスキルを身につけさせていくことになると思います。

また、SSTによる介入ということですが、日常の生活で攻撃が誘発されそうな場面を設定し、ロールプレイを通して問題解決の行動のレパートリーを学習していくということになります。このような働きかけによって、社会的に望ましいスクリプトの獲得を目指します。

次に、機能不全の家族への介入についても述べたいと思います。少年たちはよく「どうも自分の家庭がうまくいっていない」「よその家庭に比べて暗い、変だ」などと言います。これは家族の機能不全、つまり家族構成員の情緒の安定化や社会化の機能が損なわれている状態です。その結果、少年たちはたまり場などに「居場所（安らげる場、自分らしくいられる場）」を求めます。家族システム論に基づく家族療法的なアプローチでは、家族の機能を高め、家族の再構築を図ることによって再犯を防止することができると考えています。具体的には、家族のコミュニケーションを促進するために、効果的な課題を考えるわけです。ただ、親子で会話をしてください、といってもそううまくいくわけではありません。仮に、週に一回でもいいので、ご家族揃って食事をとってみるようにと提案します。家族システムというのは、ほんの些細なことから変化を起こすことが少なくありません。夜遊びで帰宅の遅い少女に対して、ボーイフレンドのためにお母さんと一緒にハンバーグを作るというような介入をする。また、父子関係がうまくいっていない息子さんがお父さんの親戚を訪ねて、お父さんが自分と同じ中学校二年生くらいの頃、どういう人であったかを、おじいさん、おばあさん、おばさんなど親戚から聞いてくるという課題を与えるのです。そうするとおじいちゃんから、「お前のお父さんは言うことを聞かずに、いつも私が叱ってそこの柿の木に縛り付けた。それでもいうことを聞かない子だった」などといった話を聞いてくる。このようにして、父親というものを彼の中でもう一度再構築していく。あるいは認知の修正といってもよろしいと思いますが、家族関係を変化させていくということになるわけです。

最後に三つめとして、非行の場合、深刻なケースであればあるほど、ひとつの専門機関だけで対応していくのは無理があります。学校、児童相談所、家庭裁判所、保護観察所といった多くの専門機関で連携を図りながら対応していかなくてはならないわけです。この場合、大切なことは、ケースの共通の理解、共通のアセスメント、特にその少年が立ち直るために、どういうリソースを活用していくか、そういうところを中心に話し合うことが重要ではないかと考えています。また、どの機関の誰がリーダー役を務めるのかも重要です。どうも、ご清聴ありがとうございました。

引用・参考文献

妹尾栄一「少年非行の変化」こころのライブラリー（一〇）『少年非行—青少年の問題行動を考える—』星和書店、二〇〇四年
奥村雄介「最近の少年非行の動向と特質—医療少年院の現場から」『犯罪学研究』六七（三）、二〇〇一年
影山任佐『犯罪精神医学研究』金剛出版、二〇〇〇年
籠田篤子「被虐待経験をもつ非行少年についての一考察」『調研紀要』第七二号、家庭裁判所調査官研修所、二〇〇一年
家庭裁判所調査官研修所監修『重大事件の実証的研究』司法協会、二〇〇一年
清永賢二編『少年非行の世界』有斐閣、一九九九年

第二部　青少年非行の実態と対策

―あらためて非行と子どもを考える―

非行の実態—面接・電話相談の現場から—

埼玉県警察少年サポートセンター　所長　湯谷　優

一、はじめに

タイトルに「非行の実態」とありますが、埼玉県警察少年サポートセンター（※章末参照）というひとつの県のひとつの機関が取り扱った非行相談を通してみえてくる、最近の非行の実態ということでお話しさせていただきます。ですから、他の都道府県の実態、さらには全国的な傾向と必ずしも一致しないところもあるかと思いますが、その点あらかじめご了解ください。次に、統計的な面につきましては、主に、平成一六年中に当センターで受理した『面接相談』の結果を基にご説明させていただきます。あわせてご了解ください。

二、非行相談の状況

(一)　対象少年の非行深度

非行深度としては、比較的浅い段階の少年が多いといえます。窃盗などが常習化していたり、手口がかなり悪質であったり、被害者に多大な被害を与えたりして逮捕・補導され、少年院や児童自立支援施設などに送られたことがある、といった少年のケースを取り扱うことはほとんどありません。このようなケースは非行相談全体の三～四%にすぎません。非行がかなり進んでいる少年の場合は、その保護者や周囲の大人が少年のことで相談しようという動機付けが、あまり高くないのかもしれません。

(二)　相談者の状況

相談の約九五%は保護者からの訴えで開始されます。子どもの非行問題で困っている保護者の相談への動機付けは高く、その後の面談回数が最も多いのも保護者です。相談を継続していく中で、保護者の対応の仕方が変化し、カウンセラーが対象少年とは一度も出会うことなく、保護者だけのカウンセリングで良好な結果（非行や問題行動の消失、親子関係の改善など）に至ったケースは少なくありません。非行問題に限らず、「子どもの問題」の解決に保護者の果たす役割は重要です。

いうまでもないことですが、非行問題を起こしている少年自身がすすんで相談に来るということはほとんどありません。カウンセラーが少年と出会うのは、少年に対する何らかの圧力（補導した警察官の強い指導など）によるところが多いといえます。このような場合には、当然、少年は不必要な誤解、強い不満、不安をもってセンターに来所します。ですから、少年との初回面接でどれだけ関係作りができるかということが、カウンセラーにとって非常に重要な課題となります。

最近目立ってきた特徴として、片親家庭（特に、母子家庭）の相談が増えてきたことが挙げられます。昭和六〇年では全相談の四・一%くらいでしたが、これが平成七年になると八・〇%、平成一七年（一月から六月まで）では、二一・八％にまで増加しています。

片親家庭の場合は、両親揃っている家庭に比べて、親の負担が大きいというか、心身ともにかなり疲弊した状態で、相談室を訪れることが多いようです。周囲に親を支援する人的な資源が乏しいということも、このようなケースの特徴となっています。

㈢　相談経路

相談経路としては、「警察署からの紹介」が最も多く全体の約四〇％で、これは少年が補導されたり、保護者が地元警察署に相談したりしたことをきっかけに紹介されたものです。次いで、「直接申し込み（広報誌などを見て）」の約三五％、「学校等他機関からの紹介」が約二五％の順となっています。

㈣　相談内容別の状況

①　非　行

「窃盗（万引き、乗り物盗など）」の相談が最も多く、非行相談の約三三％を占めています。次いで、「家庭内暴力」の約三〇％で、窃盗の相談とともに過去二〇年間相談の上位を占めています。その他、「恐喝」、「暴行、傷害」、「薬物乱用」、「強制わいせつ」等の順になっています。

②　不良行為

非行にまでは至っていない不良行為段階の相談では、「不良交友」の相談が最も多く、不良行為に関する相談の約三〇％を占めています。これは、学内不良グループに入り、校則違反を繰り返して先生とトラブルを起こしたり、あるいは卒業生の非行集団（暴走族など）との交流があって、素行に問題があるというような内容の相談です。次いで、「家出」、「深夜徘徊」、「無断外泊」、「不健全性行為」等の順になっています。

㈤　学職別状況

対象少年の学職別の状況では、「中学生」が最も多く約五一%、次いで、「高校生」の約二九%、とほとんどが中・高校生の相談です。あとは、「無職」の約一二%、「小学生」の約六%等の順となっています。

三、非行内容別の特徴と問題点

㈠　窃　盗

①　小学生

小学生に関する非行相談のほとんどが、何らかの盗みに関するものです。万引きをしたとか、友達の家に遊びに行った際に、無断でその家の金品を持ち出したとか、自分の家の金を持ち出して物を買ったり友達に配ったりしている、といった相談です。

この種の相談では、保護者が自らの養育態度や親子関係の問題に気づき、それを改めることで劇的に問題解決するケースが少なくありません。相談開始当初の保護者は、

● わが子は自制力が弱い。だから欲しいと思ったら、がまんできず実行してしまう

● (自制心の弱い子どもに対しては) 常日頃から本人の行動をよく監視し、善悪の区別を繰り返し教え、(最も大切なことは) 悪いことをしたときは、もう二度とそんなことはした

くないと思えるほど厳しく罰することが有効と考え、それに従って対応してきています。しかし、実際には子どもの問題行動は収まるどころか、エスカレートします。このような保護者が、

● 子どもの自制力が弱いというよりも、問題は子どもに自制することの価値や意義を学ばせてこなかったことにある。子どもは、自制することの大切さを知らないだけ
● 子どもに自制することの大切さを教えるためには、親子の信頼関係がその土台となる
● 他者の気持ち・意向を無視し、他者に断わりもなく自分のやりたいことを「一方的」に実行するという行為（万引きや金品持ち出し）と親の養育姿勢とが、その根底においては同位相の行為であり、結局、子どもの問題行動は親の生き方から学んだもの

ということに気づき、子どもと遊んだり、子どもの言葉に耳を傾けたりするなど、「一方的」な養育姿勢を変えようと努力することで、問題は改善の方向に向かうようです。

② 中学生以上

中学生以上では、保護者の養育態度や家族関係などの家庭の問題のみならず、思春期の問題に加えて能力・性格など個人の資質面の問題（規範意識に乏しい、衝動的で物事の見通しが悪い、現実検討力に乏しいなど）が関係し、事態は一層複雑化してきます。

さらに、この時期の仲間集団の影響は見逃せません。自立と依存の葛藤の最中にある思春期の少年にとって、仲間の影響力は大きいといえます。とりわけ、親子関係が悪く、家に居場所がなかったり、親に権威が乏しかったりするケースでは、一層仲間への依存度が増すことになります。

ですから、中学生以降の非行問題を扱う場合には、この仲間集団に対して、家庭を含めた周囲の大人が、どういう姿勢で対応するかということが非常に重要なポイントとなってきます。頭ごなしに集団を否定することなく、しかも安易に迎合することのない、一線を画した姿勢が大人の側には求められます。

㈡　暴力非行（恐喝、暴行、傷害）

①　集団化

暴力非行というと、凶悪な事件報道の影響からか、単独で行われるというイメージがありますが、実際は三人以上の集団で行われるケースが多いといえます。そして、これら非行集団の多くが、組織性に乏しくリーダー不在の集団であるという特徴をもっています。簡単にいってしまえば、他に居場所がなく、しかも、独りでも居られないので集まっているという集団です。

このような集団では、集団内で仲間同士が張り合うことで、被害者への配慮が一層希薄になり、暴力がエスカレートしやすくなります。また、常に集団崩壊の危機があり、それを回避するために非行が行われるという面も窺えます。

②　非行のエネルギー

暴力非行を起こす少年たちに共通する心情は、強い不適応感や疎外感、そして慢性的な欲求不満です。これらが適切に処理されることなく、溜め込まれ、暴力のエネルギーとなっているようです。

③　人間関係処理能力

暴力的な問題解決以外の対人関係処理のレパートリーに乏しいことも、彼らの問題性のひとつといえます。相手に譲歩したり、相互に協調するなど、平和的かつ合理的なトラブル処理の方法について、教わって来なかったことから、トラブルに直面した場合に、暴力的な方法で解決を図ることになりやすいのです。

また、ほとんどの少年が、加害経験だけでなく、暴力による被害経験をもっており、「勝つか負けるか、やるかやられるか」式の人間関係の中で生活しているということ、加えて、「暴力的」＝「男らしい」という思い込みもあって、暴力への傾倒が生じているようです。

㈢　薬物乱用

かつては、「非行少年＝シンナー乱用少年」と言われるくらい、シンナー乱用は一般的でした。ですから、われわれカウンセラーも非行少年と面接するときには、シンナー乱用を前提の上で、「何回やったの？」というような訊き方をすることもありました。最近では、相談窓口でシンナーをやっている少年に出会うことはまれです。一年に一〜二ケースあるかどうかといったところです。

平成八、九年頃、覚せい剤乱用で補導された少年（ほとんどが女子高校生）のカウンセリングを何件か担当しました。この当時、覚せい剤の乱用方法として従来の注射以外に、ライターで温めて吸引する方法が行われるようになったこと、女子少年の間では「やせ薬」という評判が広まったこと、比較的安価で入手できたことなどから、少年たちの間では覚せい剤を「エス」とか

「スピード」と呼んで、一時的に乱用が流行しました。しかし、最近の相談窓口では、覚せい剤乱用少年に出会うこともほとんどなくなりました。

ＭＤＭＡ（合成麻薬）や脱法ドラッグに関連する相談も、現在のところありません。多分潜在化していると思われます。

最近は、大麻の乱用が目立っています。中・高校生が大麻をタバコの延長上に捉えて、乱用しているケースです。全員がタバコを吸います。薬物の乱用とか、麻薬をやっているという後ろめたさや危機感をもっていないことが特徴です。

主な乱用の場所は、「自宅」、「友人宅」、「学校」などです。学校では休み時間にトイレで吸ったりするそうです。家庭や学校で乱用していても、大麻の影響で本人がフラフラしていても、保護者も先生も気づいていないことが多いようです。乱用の背景に、家庭や学校の薬物に関する無知や無関心がみえてきます。

㈣　家庭内暴力

少年の家族に対する暴力の相談は、過去二〇年間常に相談件数の上位を占めています。家庭内暴力だけが問題というケースもありますが、非行、不登校、ひきこもり、精神障害、発達障害など他の問題と複合しているものが多く、その態様、原因はさまざまです。

ほとんどが男子の相談であり、暴力の対象は、対母親が全体の約七〇％で最も多くなっています。また、自分の要求を通そうとして物に当たって壊したりするケースは、約二〇％となっています。

暴力のきっかけは、大抵は「親が無視した」などという些細なことから始まります。それが次第にエスカレートし、ついには家族の誰かが一一〇番するような事態になったりします。

暴力の背景には、少年個人の問題だけでなく、結果的に暴力を挑発し、引き出すことにつながってしまうような家族（特に母親）の歪んだ対処の仕方や、家族の柔軟性に欠ける思考パターンとか、夫婦間の不和・葛藤など根深い要因が介在する複雑なケースが少なくありません。

かなり問題がこじれてから相談するケースが多いこと。それにもかかわらず、まったく追い詰められているとは見えないぐらい平静を装う相談者もいますので、まずは客観的資料に基づいたしっかりした診断と、緊急性の判断が何よりも大切となります。そして、急に事態が好転することの少ないこの種のケースでは、疲弊し、絶望的な思いに駆られている相談者をいかに支えながら解決の糸口を探っていくかがカウンセラーの大きな課題となります。

㈤　家出、性的逸脱（女子）

女子少年の家出や性的逸脱に関する相談は、女子の非行問題の代表的なものとして以前からも相談されてきました。かつての相談との違いは、そこに「出会い系サイト」などメディアが絡むことによって、少年の動きの把握や予測がますます難しくなってきたことです。

携帯電話やパソコンが普及する前では、家出少女は不良仲間のところに転がり込んでいるなど、地元を離れていないケースが多く、行き先はおおよその予想がついたものです。しかし、最近では、遠く離れた地域のまったく予想もできない人間と関わりをもち、そこに家出をしたり、「援助交際」と呼ばれる売春をしたりするようになってきました。

少女たちは、一見罪の意識に乏しくてあっけらかんとした印象ですが、その根底には家族愛の欠如や情緒的な交流の乏しさとか、家族間の葛藤の問題とか、深刻な家庭の問題を抱えています。自分は家族から大切に思われていないと思い込んでいる女子がほとんどで、この点、かつての性非行少女の問題と根本的には何も変わっていないという印象があります。

また、義理の父親や母親の内縁の夫、これらの人と女子との折り合いが悪く、それが家出の主因となっていると考えられるケースが多くみられることも最近の特徴です。

血のつながっている親子であっても、娘が思春期に入ってくると、父親と娘には多かれ少なかれある程度の緊張関係なり、距離感なりが出てくるものです。ましてや他人同士の関係では、その種の緊張や気兼ねが一層強まりやすいことは容易に想像できます。しかし、こういった家庭では、大人の側が少年の問題行動を責めるばかりで、少年の家庭での居心地の悪さなどの心情について極めて鈍感であるといえます。あるいは気付いていても意識から排除したり、否認したりしているのかも知れません。総じて、女子の家出や性的逸脱の問題は、家族の絆の問題でもあるといえます。

(六)　その他（発達障害を伴うもの）

ＡＤＨＤ（注意欠陥多動性障害）やアスペルガー症候群など発達障害を伴う少年の非行相談が徐々に増えてきて、全非行相談の数％を占めるようになって来ました。相談内容は、放火、のぞき、万引き、金品持ち出し、家庭内暴力などで、ほとんどが男子という特徴があります。

過去に、障害についての周囲の誤解・無理解から虐待やいじめ被害を受けたりしたことで、人間不信や自尊心の低下が起こり、それが非行の一因になっていると考えられるケースが一般的です。

対応を考える上で、発達障害一般にみられる特徴や性質を把握しておくことは勿論ですが、とりわけ、少年個々にもっている独特の感性やこだわりについての十分な理解が支援する側に求められます。

四、タイプ別の特徴と問題点

非行少年と一口にいっても、非行に至った原因や道筋はさまざまであり、また立ち直りのプロセスも一人ひとり違っています。個々に違っているのですから、個々に対応や支援を考えていく必要があります。その対応方法を考える上で、タイプ別の理解は大雑把な方向性を決めていく手助けとなるものです。

非行少年をタイプ別に分類することは、これまでさまざまな専門家や実務家が行ってきていま す。さまざまな分類が存在するのは、各自の目的、社会的立場、少年やその家族との関係性、主に取り扱う少年の非行レベル、さらにはそこで許されている手段等「支援の質」によって、それぞれに合った分類が必要となってくるからです。以下に、私がよく用いている分類について紹介します。

(一) 非行文化型

幼少時から、非行親和的な考え方・価値観の影響を受けて育ってきたタイプです。

両親や家族、周囲の大人の中に、かつてあるいは現在も、非行や犯罪に手を染めていたり、あるいはそういった人間との親交のある人が多数存在するなど、いわゆる非行文化の影響下で育ってきたタイプです。本人も、低年齢の頃から地域や学校では問題児とみられています。

このタイプの少年に対しては、許容できることとできないこととの境界を明確に保持しつつ、本人に非行の意味やそうすることの損得について考えさせ、理解させていくことが、対応の基本方針となります。なかでも、少し親しくなった相手に対して、従順になったかと思えば急に横柄な態度を取ったり、場違いの頼みごとをしてきたり、それが受け入れてもらえないとなると、脅したりすかしたりという彼らの「試し」に対しては、気を引き締めて、振り回されないことが非常に重要になります。それが彼らとの間に本当の信頼関係を築く第一歩となるからです。

保護者については、現在は社会適応していても、過去の自分の問題を十分に乗り越えていない場合もあり、その点に留意して支援していく必要があります。

その第一は、「規範意識の偏り」への対応です。たとえば、「(中学生に) タバコや酒は構わないけれども、クスリはダメ」という価値観をもっていたり、家出中の女子中学生を、自分の息子と同じ部屋で泊めることを許可し、さらには、家出中学生の自宅に電話を入れて、「お宅の娘さんはこちらで面倒をみますので、安心して任せてください」などといったりする場合がそれです。保護者は、子どもの心情に理解を示し、よい親であろうとしているが、社会常識から外れてしまっていることに気づいていません。支援する側は、保護者の動機 (「よい親であろう」など) を受け止めつつ、対応の違いに気づかせていく必要があります。

第二は、「明確な判断を下す際の葛藤」です。たとえば、「(子どもの非行を警察に通報しようとしたところ)子どもから「警察に売るのか」と言われると何もできなくなります」といった類の発言にみられる保護者の葛藤です。保護者は過去の自分の問題を乗り越えておらず、まだ引きずっていることに気づいていないのです。

(二) 人格未成熟型

年齢相応の人格発達がなされておらず、その未熟さゆえに適切な現実適応ができず、非行問題を起こしているタイプです。

「規範意識の欠如」、「自己中心性・幼児性」、「対人関係・対人スキルの未熟」などが共通する特徴です。非行文化型のように、非行親和的な環境の影響は受けておらず、価値観の偏りもさほど大きくはありません。今、学校現場で最も教師が手を焼いているのがこのタイプで、集団の規則や義務を果たしたり、年齢相応の振る舞いや態度などが求められたりすると反発し、校内暴力を起こしたりします。

このタイプの少年に対しては、非行文化型のときと同様に、支援する側の軸が相手の気分や要求でブレないことが大切です。また、学業不振を抱えているものが多く、できればよい成績を取りたいと密かに思っている者も少なくないので、学業面での支援も重要となってきます。

保護者に対しては、子育てに自信を失い、強い不安を抱えている一方で、子どもの問題に対して批判されることへの強い防衛的態度をもっていますので、その点を受け止めつつ、過保護や過干渉といった養育上の問題を改善していく方向で支援していくことになります。保護者と支援者が子どもの問題についての共通意識がもてるかどうかが、解決の鍵となります。このタイプの子どもは保護者に大きく依存していますので、保護者の態度変化は子どもを成長させていく上で重要です。

㈢　免疫不全型

主体性や判断力に乏しく、かつ依存的なため、非行文化に染まってしまったタイプです。

このタイプは、非行文化型の少年のように強引な接し方をしてくる人間に弱く、相手の価値観や態度を無批判に受け入れてしまうところがあります。元来は、気が弱くておとなしい、どちらかといえば、過去に不登校やいじめの被害者であったりしている少年です。それが、非行文化に免疫がないため、一気に非行化することがあります。グループ内では使い走り的な役割ですが、学校などでは、グループの先陣を切って先生に反抗したりします（実際はさせられている）。また、グループ内でストレス・緊張が高まってくると集団リンチの被害者になったりもします。

このタイプの少年に対しては、非行グループとの交際を強く禁止するという対応も必要となってきます。もちろんその場合には、グループ以外に本人が逃げ込むべき人や場所を用意しておく必要があります。

保護者も不安が強くて、自信のないタイプが多いといえます。このため、子どもを非行グループから離脱させようとして、かえって深みに引きずりこまれるなど、非行文化型の少年や保護者に逆に振り回されてしまうケースも少なくありません。支援する側は、他人との距離の取り方や一線を画した態度、自己主張の仕方などを具体的に教えていく必要があります。

このタイプの少年が非行グループから離脱する際に気をつけておかねばならないことがあります。保護者の対応が変わり、子どももグループを抜けようと葛藤し、そこで自分なりのやり方として不登校とかひきこもりになったりすることがあります。このときに、「(これまでの非行問題で)勉強も遅れているし、せめて学校だけは」と保護者や教師が無理に登校させ、結局また元の不良グループに戻ってしまったという例が少なからずあるからです。学校と家庭の日ごろからの意思の疎通、連携が大切になってきます。

(四) 挫折型

かつて「よい子」であったり、スポーツや学業に頑張っていたりしていたが、何らかの事情から息切れを起こし、現実逃避的に非行化しているタイプです。

このタイプの少年の中には、保護者や教師を批判することでSOSを出す場合が少なからずあります。時には自分のことではなく、他人の問題で大人に突っかかってくるようなこともあります。たとえば、親や教師に対して「(非行問題を起こしている)A君に対して、先生の対応がよくない。あれでは彼がかわいそうだ」などと同情を表明したりします。

このタイプの少年には、本人の言い分にしっかり耳を傾ける必要があります。そして、非行や不良交友の中に何を求めているのかを共感的に理解しつつ、自分の目標や希望を達成できるように、現実的な方法を一緒に考えていくといった対応が基本方針になります。

保護者に対しては、自分たちの期待ばかり子どもに押し付けるのではなく、子どもの目線でものを見たり考えたりできるように支援することが基本方針となります。

五、支援のための基本的留意点

少年が非行から立ち直るための支援の要点をまとめると、以下のようになります。

㈠　少年の場合

ほとんどの少年は、自分の問題で悩み相談してくるのではなく、不本意な気持ちをもってわれわれ大人と出会うことになります。それだけに、最初の信頼関係作りが大きなポイントとなります。

次に、このような信頼関係を基盤に、自分のやっている非行について、その意味を考えさせ、理解を促進させるような働きかけが求められます。

そして、最後は、社会適応的な生き方への希望や意欲を引き出すための、具体的な方法について一緒に考えていくことになります。

㈡　保護者の場合

まずは、子どもの問題に悩み、疲れきっている一方で、自らの子育ての責任やそれを指摘されることへの不安や防衛など、保護者の複雑な心情を共感的に理解し、支えていくことが重要です。

次いで、子どもの問題行動への理解や対応について、広く柔軟な支援がもてるように支援します。この際、時に明確な対応の指針を示すことも必要となります。

最終的には、子どもとの絆と子育ての自信の回復を図っていくことになります。

※『**埼玉県警察少年サポートセンター**』

少年サポートセンターでは、少年補導職員等の専門職員が中心となって、関係機関やボランティア団体と連携しつつ、少年の非行防止や被害少年の支援といった活動を行っています。そして、このような活動における警察組織内での中核としての役割を担っている機関でもあります。

現在、全国の警察に設置されています。その規模や活動内容は、各都道府県の実情に応じて、幾分違っており、そこに各県の独自性も表れています。

埼玉県警察少年サポートセンターは、県内四ヶ所に設置され、「街頭補導活動」、「スクールサポート活動（非行などの問題で困っている中学校への支援活動）」、「非行防止教室の開設（県内小・中・高校を職員が訪問し、生徒や保護者を対象に規範意識醸成のための教室を開催）」、「少年相談活動（非行問題の他に不登校、いじめ、犯罪被害などの相談を受理）」、「社会体験活動（非行少年の立ち直りを支援するための社会体験活動の実施）」、「情報発信及び広報啓発活動」などの活動を行っています。

犯罪の心理臨床──機序と対応法──

専修大学ネットワーク情報学部・大学院文学研究科　教授　村松　励

一、はじめに

皆さんこんにちは。私だけ経歴について少し省略してしまって、私は、家庭裁判所調査官を長年、長年といっても二七年なのですが、やっておりまして、二〇〇〇年に大学に移りました。大学では犯罪心理学の講義と、大学院では非行臨床と呼んでいますが、非行を犯した少年・家族への援助について学生と一緒に考えたり、指導をしたり、そういう仕事をしております。今日は、主に家庭裁判所調査官の経験などを通して、与えられたテーマについて皆さんと一緒に考えてみたいと思います。よろしくお願いいたします。

最初に、最近の非行というのはどういうものなのだろう、どういうふうに捉えたらよいのだろうか、ということで「現代型」非行の特徴を明らかにしていきたいと思います。それから、最近の非行少年が抱えている問題とは、どういうものかについて皆さんと一緒に考えていきたいと思います。また、少年への援助、家族への援助、それに付け加えて、そういった反社会的な問題行動を繰り返す生徒さんを抱えている学校、スクールカウンセラーあるいは担任の先生への援助についても検討したいと考えています。

二、少年非行の時代的変遷について

最初に確認しておきたいのですが、少年犯罪とか少年非行といういい方をよくしますが、非行という概念の方が犯罪というよりも広義の概念でして、犯罪以外で非行に含まれるものというのは、少し専門的になりますが、一四歳未満の触法行為と、虞犯です。虞犯というのは、少年法で定める虞犯事由に該当し、その性格または環境に照らして、将来、刑罰法令に触れるおそれがあると認められる場合を意味します。

わが国の少年犯罪の動向（図1、59ページ参照）をみるときに、われわれは戦後、昭和二六年をピークとする、昭和二一年から昭和三三年までの期間、これを第一期とします。それから昭和三九年をピークとする、昭和三四年から昭和四七年までの期間、これを第二期とします。そして昭和五八年を第三のピークとする、昭和四八年から平成七年までの期間、これを第三期とします。第四期は平成八年から今日に至ると考えます。平成一〇年にピークがみえますが、第四のピークはおそらく第三のピークよりさらに上にいくだろうというふうに予測されております。犯罪社会学者にいわせると、最長で二〇一一年ごろに来るのではないかと予測しております。そこで、まず昭和二六年をピークとした第一期、昭和三九年をピークとした第二期、昭和五八年を中心とした第三期までを簡単に、その特徴について説明します。

(一) 第一期の非行の特徴について

この第一期についてですが、戦後の混乱の時期でして、非行の類型でいうと、生存型非行、生きるための非行、生き残るための非行いわゆる「古典的生活型」が多く、この時期は、財産犯が多かった。財産犯というのは、窃盗であるとか占有離脱物横領罪です。特にこの時期の非行というのは、一八歳、一九歳の年長少年による非行が多発した時期です。戦後の混乱の中で、貧困と家庭崩壊というものを主要因とした非行、ある意味ではわかりやすい動機に基づく非行が多かったといってよいかと思います。

㈡　第二期の非行の特徴について

次の第二期ですが、昭和三九年、わが国ではオリンピックの開催であるとか、名神高速道路の開通など、高度経済成長へと向かっていく一方で、若者たちの価値観に基づく反抗型の非行が増えていく。この第二期がわが国では、青少年が荒れていた時期です。非常に粗暴化していくのです。事件としては傷害、暴行、恐喝、強姦、こういう事件が多発しています。この第二期は、ちょうど団塊の世代が中学生になった時期でして、学校文化の中ではいわゆる番長が出現して、ヤクザ等とつながりをもつ不良集団が増えていきます。また、反社会的な不良文化をもった若者文化が台頭していく、太陽族であるとかカミナリ族であるとか、みゆき族であるとかフーテン族であるとか、今日の暴走族やチーマーの元祖がこの時期にできたわけです。

㈢　第三期の非行の特徴について

第三期ですが、昭和五八年、これはわが国で少年犯罪が一番多発したといってよいかと思います。この時期の一番の特徴は、非行の低年齢化ということがいわれる時期です。一四歳、一五歳の少年による、主に中学生を中心にした非行が増加していく。そして主たる事件は軽微な財産犯の増加です。軽微な財産犯というのは、万引き、自転車盗といったもので、こういうものが非常に多発している。経済的には豊かになっていくけれども、少年のこういう軽微な財産犯が増加する。当時、「遊び型」非行といわれていまして、皆さんの記憶にもあるかと思います。しかしながら、遊び型非行というのは遊びの延長だから、重大視することはない、そのうちに自然治癒してしまうだろうという誤解を与えるということで、一九八二年、「遊び型」に代えて「初発型」と警察庁がこの当時の非行を命名するのです。初発型というのは、確かに最初の、初発は万引きであるとか自転車盗であるとか、軽微な財産犯になりますが、これを放置しておくとやがて恐喝、強盗へとエスカレーションしていく危険性を孕んでいる。そういうことで、この軽微な財産犯の段階で、きちんと手当てをしてほしいということで、捜査機関も事件として送致する。そういうことで件数も右上がりになったものと思われます。

㈣　第四期の非行の特徴について

次に、第四期です。ピークは先ほど述べた通りですが、この時期の非行の特徴について、一九九七年、警察庁は「いきなり型」非行と命名します。この「いきなり型」非行というのは、初発で殺人、強盗致傷、傷害致死などの重大事件を起こす。従来の非行の見方ですと、強盗や傷害致死を起こすような少年は前歴として（成人でいうと前科ですが）、たとえば窃盗や恐喝があって強盗へ、あるいは、傷害致死の場合も、前歴に暴行やそういうものがあって傷害致死へ、というようにエスカレーションすると考えていたのですが、この時期においては、そうではなく、初発で重大事件を起こす少年が増加します。少年の生活状況を調べてみると、過去に顕著な問題行動はない、たとえば、暴走族と付き合っている、あるいはヤクザの事務所に出入りしている、そういうこともなく、事件が起きているのです。それからもうひとつの特徴は、粗暴化です。粗暴非行の増加ということで、特に留意しなくてはいけないのが、強盗、強盗致傷の増加です。それから傷害致死、殺すつもりはないのですが、結果において死に至らしめてしまう。特にこういう事件の八割近くが共犯によるものです。共犯のサイズもだんだん大きくなってきている傾向にあり、五〜六人、ときには七〜八人と膨れ上がり、集団心理に弾みがついて重大事件に発展していきます。

三、最近の非行少年の特徴

少年院、少年鑑別所で実務に携わっている人たちが最近の少年の特徴というものについてどのように捉えているのか紹介したいと思います。

ひとつは罪悪感の乏しさです。傷害致死を犯した少年でも、「先生、毎日風呂に入れないの？」とか、「彼女と面会できないの？」といった具合で、不平不満が多く、ことの重大さを理解していない。「何でこんなことで逮捕するのか」、「何でこんなことで鑑別所に入所させられたり、少年院送致になるんだ」といった被害者意識すら抱いている少年が少なくない。この被害者意識というのは本人のみならず、親御さんもそうです。「学校にやりたいので、早く釈放してほしい」、弁護士をつけて弁護士からそう言わせる、そういう親たちが増加しています。

また、些細な動機から重大な結果を招いてしまう事件の増加です。どうしてそんな理由で、そこまでやるのだろうか。たとえば、タメ口をきかれたというぐらいで、なぜあごの骨が骨折するくらいブン殴るのか、よくわからない、そういった衝動性の問題、それから後で少し説明しますが、非行歴の浅い少年が覚せい剤へ〝安易に〟接近する。件数としては増えてはいないのですが、覚せい剤というのは昔は「シャブ」といわれていまして、「あいつはとうとう覚せい剤にまで手を出した」というように非行の終着駅だったわけですが、最近は、気楽に、手軽に覚せい剤へと接近していく少年の増加、あるいは低年齢化が見られ、ここは指摘しなくてはならない点です。

次に、少年たちの共感性の乏しさがあります。共感性というのは、もう少し平たくいうと相手の身になって考える、被害者の身になって考える、そういったことができないということです。

また、「悩めない」少年たち。『「甘え」の構造』の土居先生が非行少年のことについて述べている中に「少年たちは困るけど悩めない」とあります。〝困るけど〟……。たとえば先ほど述べましたように、鑑別所に入って毎日風呂に入れない、ガールフレンドと面会できない、等々いろいろ不平不満はある……困るけど、〝悩めない〟。悩むとは何かということですが、加害者として悩むということです。被害者意識に甘んじていれば、悩むということはありません。どうしてこんなことで少年院に送られるんだ、といった具合ですから。本当の意味で悩んでもらうということが、非行臨床のひとつの目的にもなろうかと思います。非行少年とは、悩んでいる人たちではなくて、悩めない人たちであるといえるのではないでしょうか。もちろん少年のなかには少数ですが、悩んで非行化するケースがあります。たとえば、深刻な問題を抱えていてそれを紛らわすために薬物非行に走る人は、むしろ悩んでいるといえます。一般的には、土居先生がおっしゃるように「困るけど悩めない」というふうに理解枠を提示しておきたいと思います。

それから、うまく対人関係をもてない少年たちが増えてきた、これはつい最近の報道でもありました。以前なら少年たちは、単独室に入れられるということは一番嫌がったわけです。しかしながら最近の少年たちは、わざわざ規律違反を起こして単独室に入れられる、つまり他の少年と一緒にいることを非常に嫌がる。仮退院や仮出所が遅れてもいいから規律違反して単独室に入りたがる。そのために居室が足りなくなってくるわけですね。そういう状況が起きている。対人関係の苦手な少年が多くなってきている。人とやりとりをして折り合いをつける、譲り合う、協調する、そういったことが苦手な少年が多くなっている。このようなことから矯正の現場では、少年の問題改善、あるいは立ち直りに手間と時間がかかるようになってきています。

四、非行の理解枠について

もう少し、別の非行の理解枠を提示したいと思います。犯罪社会学者の清永賢二先生が述べていることですが、現代型（非行）というものを、彼は「衝動の論理」に基づく非行と、第二期あたりまでの「反抗の論理」に基づく非行と対比させたのです。「反抗の論理」に基づく非行というのは、時期としては一九六四年から八八年に相当し、「反抗」という非行エネルギーの向けられる対象が定まっていた。たとえば、恨みの対象であれば、加害者と被害者との関係性がある。しかし現代型においては、「ムカつく」「キレる」といったきわめてその場限りの、個人的な感情の瞬間的・衝動的な発露であり、周囲の者には共感できない、わからない、不気味である、そういった非行が増えてくる。あるいは、きわめて幼児的であるということを指摘するわけであります。

犯罪精神医学者の影山任佐先生は、現代型の非行について、「自己確認型」非行と呼び、過去の「古典的生活型」や「遊び型」と対比し、犯行の心理には空虚な自己、あるいは力や万能感の確認といったものがあると指摘します。犯罪行動を通して自分というものを確認していったり、あるいは犯罪というものを通じて自分の万能感を確認したり、きわめて自己顕示的で、劇場型の犯罪が増えてきたということです。特にこれは、二〇〇〇年以降続いて起きてきており、佐賀のバスジャック事件であるなど、自分が長時間マスメディアに取り上げられる、そういうことによって自己というものを確認する非行です。おそらく今後、こういったものが増えてくるかもしれない、といわれております。

少年院の現場から、奥村雄介先生は、現代型非行の二極化ということを指摘しています。表1（63ページ）を参照してください。凸型非行、これは、アメリカの精神医学会の診断マニュアルである行為障害の診断基準を満たすような、昔からの非行少年、特に非行少年の中でもエスカレーション型というような非行性を深化させ、徐々に悪くなっていくタイプを指し示しているものです。その背景として家庭崩壊、あるいは不良交友（非常に反社会的であり、感情表出が大げさ、あるいは暴力を肯定する）といった文化に親しんでいます。この凸型というのはやはり、今日でも非行のタイプとしては多いわけです。しかしながら注目すべきは、この古典的なものだけではなく、次に述べるような、奥村先生のいう凹型、つまり、行為障害の基準は満たさないものです。先に述べた「いきなり型」は、行為障害の基準を満たしません。家庭内暴力やひきこもりがあったりして、反社会的というよりは非社会的で、そして感情表現が単調そして平板であることが特徴です。奥村先生は医療少年院の精神科医ですが、現場からの理解枠としてとても重要な指摘だろうと私自身は考えています。

非行を理解していくもうひとつのポイントは、その犯罪が単独犯なのか集団によるものなのかということです。集団というのは共犯です。共犯も細かくみていくと、二人共犯、二人以上の共犯、あるいは多数のものいろいろあると思いますが、ここでは少し単純化して、単独型と集団型で考えてみたいと思います。

単独のいきなり型、先ほどの奥村先生の言葉を使えば凹型です。「単独・いきなり型」、これは時には、非常に世間を騒がせる、とても目立つ犯罪であります。

それから「集団・いきなり型」。集団による強盗致傷や傷害致死など、ということになります。また、「単独・エスカレーション型」というのは、生活史の中で非行性を深化させ悪くなっていきます。具体的には、軽い逸脱行動からはじまり、最後は反社会的な職業集団、暴力組織に加入というふうになります。

「集団・エスカレーション型」。だんだん不良文化が浸透していって、仲間で、最初は万引き程度だったのが、それからひったくりへ、それからもっとオヤジ狩りといった強盗などへとエスカレーションしていきます。

「単独・いきなり型」は目立つということで、皆さんのご記憶にも新しいように、二〇〇〇年には一七歳による事件が立て続けに起きました。中には精神鑑定を経て少年院に送られたケースもあります。また、非行動機の理解が困難なケースもあり、児童精神科医が関与して、精神鑑定する例が多くなっています。

五、非行と被虐待経験について

先ほどフロアからご質問があったような、発達障害を背景とした非行などは児童精神科医でないと鑑定がむずかしい。単独で殺人や傷害致死を犯す少年たちの対人認知の偏りということを指摘しておきたいと思います。少年の対人認知が非常に歪んでしまっています。認知・情報理論に基づけば、外からの情報というものを非常に被害的に、悪意のあるものとして読み込んでしまう。このような対人認知について、社会心理学者の大渕憲一先生は「パラノイド認知」と命名しています。この認知の特徴は、相手の言動の背後に悪意を邪推することです。普通の人だったらそこまで敵意や悪意を読み込まないのに、目と目が合っただけでも「ガンをつけている」、「けんかを売っている」と認知してしまう。混んだ電車で隣の人が、急ブレーキがかかって、バランスを崩してぶつかってきた時に、普通の人は「今バランスを崩して、ぶつかってしまったんだな」というふうに認知するところを、「パラノイド認知」では「わざとぶつかってきやがった」と被害的に認知してしまい、時には攻撃といった形で行動化してしまいます。

このような特殊な対人認知と関係しているのは、被虐待体験であります。くりかえし親など身近な人から虐待を受けてきた人たち、あるいは仲間から凄惨なリンチを加えられてきた人たちに、こういった特殊な認知の偏りがあるということがわかってきました。一九九九年には、児童自立支援施設入所中の児童の被虐待の調査を国立武蔵野学院が行い、翌年には法務総合研究所が少年院在院中の少年の被虐待経験の実態調査を実施しているわけです。その調査結果についての詳細は、報告書が出ておりますが、簡単にいいますと約六割の児童が、虐待を受けている。あるいは少年院の入所中の約半数が被虐待の経験がある。女子の方が被虐待の経験が多かった。平均すると約五割の少年が、虐待を受けたことがわかってきた。被虐待の経験が非行の原因ではありませんが、早期に非行化する人たち、非行が進んで少年院に在院中の少年をみると、被虐待の経験が多いということがわかってきたのです。

少年犯罪の凶悪化ということがいわれて久しいわけでありますが、少年犯罪の凶悪化の問題は……殺人や放火や、強姦が増えているわけではありません。一番大きな問題は、ここに指摘したように強盗が増えてきたのです。強盗・強盗致傷の増加です。特に象徴的なのはオヤジ狩り。息子世代が親父世代を犯罪のターゲットにした事件はこの第四期までありません。非行事実の被害者の年齢をみて驚く、四〇、五〇代の親父が犯罪のターゲットにされます。そういった意味で、父親世代に手を上げてはならないといったタブーが破られてきている。家庭内暴力というかたちで家庭の中で父親に手を上げるということは（これまでも）あったのですが、そういうものが社会の中で起きている。つまり、世代間境界、「一線」といった規範が崩れてきた。こうした現象は、親父世代が娘世代に手をつけるという援助交際が同時に起きていることからも明らかです。

もうひとつは集団による傷害致死の増加です。手加減できない人たち。手加減するというのは非常に重要な対人スキルです。子どもの頃に「けんかをしてもいいけれども、急所を殴っちゃいけないよ、目はダメだよ、おちんちんは蹴っちゃいけないよ」そういう手加減をするということを学習してきていないのです。これは、小さい頃の対人遊び、馬跳びをしたり、人間がぶつかってくるのはこんな衝撃なのだということを身をもって学習していないからです。あるいは少子化の中で、兄弟げんかも少ない。また、被害者が送ってくるサイン、鼻血を出したり倒れたりしたら、攻撃行動を中止するといったことも、なくなっています。自分の方がやられるのではないかという被害不安が強く、非常におどおどして臆病、それで想像以上の重大な結果を招いてしまうのです。

強盗事件がこの第四期に多発してくるわけですが、実は強盗というのは第一期にも非常に多かった。戦後間もない頃の強盗と今の現代型における強盗というのはどう違ってきているのだろうということですが、少なくとも第一期においては金品、お金を何が何でも手に入れなくてはならないという切羽詰った状況の中で犯行が行われたのです。しかしながら、現在の現代型の強盗というものは、これは元東京少年鑑別所の所長であった萩原惠三先生が指摘していますが、少年は仲間へ同調することによって、他者との断絶の不安を回避したり、状況に身を任すことによって自己判断することを避けようとする心理機制によって実行されると指摘しています。少年たちは、お金は持っているけれども犯行に加わる、お金は持っているけれども「オヤジ狩りやろうぜ」ということで誘われて、犯行に加担してしまうのです。

集団による強盗事件の場合についてですが、小学校五年生か六年生のころの、ギャングエイジのワクワク、ドキドキするような、そういう体験を暴走族やオヤジ狩りなどに追体験しているのではなかろうか、というような仮説も提示されています。それから不良文化の伝承の喪失、けんかのやり方など、恐喝止まりにしておいて強盗までいかないようにするという術、そういうものを不良は不良なりに学習し伝承してきたわけで、しかし今、そういうものはない。お互いのためにやりすぎないで、強盗までいかないようにするというのは対人技術です。そういった対人技術が衰退しているということになります。

恐喝なんかは面倒くさい。（恐喝は）相手を脅して人目のつかない暗闇に誘導していってそこで被害者を畏怖させて、そこで「どこの学校？　一万円貸してくれない？」とか折衝していく。ある先生は営業活動といっていましたけれども、営業活動というのは変な話ですけれども、そういう対人技術がない。それに反して、簡単なのは、ブン殴って、鉄パイプであろうと、金属バットであろうと（つかって金品を）、強取してしまう。きわめてプリミティブな犯行が増えています。

また、覚せい剤事犯は増えているわけではないんですが、使用方法の変化によっていわゆるタバコ感覚で吸っているんです。特に最近はネーミングが変わったり、あるいは不良外国人から入手できたり、あるいはダイエットになるといわれたりなど、そういう変化のなかで覚せい剤というものに、若者が気楽に入り込んでいく。薬物非行も大きく分ければ、単独依存型のものと集団遊興型のようなものがあって、この集団遊興型が多いわけで、しかしながらだんだん依存が形成されてくると吸引による使用では済まなくなってきて、やがて注射使用へと進行していくわけです。昔はニコチンからトルエン、つまりシンナーを経由して覚せい剤、あるいは大麻を経由して覚せい剤へと、あるいは両方を併用というかたちだったわけです。最近はこのトルエンを経由しないで覚せい剤へ、というものが増えていると考えてよろしいのではなかろうかと思います。

六、非行の対策について

非行対策ということを考える場合に、ひとつのヒントとなるのが、アリゾナ大学のハーシー（Hirsch, T.）の社会的絆理論（Social bond theory）というものです。これを媒体にしながら考えてみたいと思いますが、このハーシーは、「人はなぜ犯罪を犯すのか」ではなく、「人はなぜ犯罪を犯さないのか」（多くの人たちが犯罪を犯さないで終わるわけですが）、といった視点から考察し、犯罪に陥ってしまう人は、社会的絆が弱いと考えます。個人と遵法的社会とをつなぐ絆を社会的絆と呼ぶわけですが、これが弱まったり、あるいは、断ち切られたりすることになると個人は犯罪に陥ることになる。この絆というものは、次の四つから構成されているものです。

ひとつは愛着（attachment）という要素でありますが、家族との愛着、これはきわめて重要でして、大学生を調査対象にして、「二〇年近く生きてきたけれども、どうして犯罪を犯さないで今日ここまできたのか」ということを回顧させますと、多くの学生が挙げるのが「愛着」です。家族への愛着、親の悲しむ姿を見たくないと思うことは、親が心理的な意味で存在しているということです。もちろんこれはおじいちゃんおばあちゃんでもよろしいわけですが、そういった家族への愛着というもの、これが非常に重要です。それから学校への愛着、たとえば、勉学で成功、満足感、勉強はできないけれども、クラブ活動では非常に満足している、そういった満足感といったものを学校で体験できているかどうか、これは絆を構成する重要な要素であります。また、仲間への愛着、特に友人、親友の存在です。よく「親友はいますか」と聞くと、「はい、二〇人います」というように、（最近は）親友という意味がわからない少年が多い。単なる友達や級友とは違う、自分の悩みやいろいろなことを相談できる相手の存在です。特に単独犯ではその傾向が顕著です。生まれてこの方、友達らしい友達がいない孤独な非行少年。もしひとりでも友人がいたら、こういう大きな事件は起こさなかったに違いない、という少年も少なくないのです。

二つめに、投資（commitment）、いわゆる、もったいない、一生懸命やってここまで築いてきたものを失う怖れです。年齢が高くなるにつれてこの、もったいない、ということが絆のなかでも重要であると考えられるかもしれません。良い意味での打算です。

三つめに、多忙・巻き込み（involvement）。日常生活のさまざまな活動に参加することによって社会や集団とのつながりをもつ。小学生や中学生になってきますと、熱中、あるいは夢中になる対象、スポーツでもよろしいし、あるいは趣味でもよろしいです。こういう熱中できるもの、夢中になる対象の喪失が非行の原因になってくることがあります。一生懸命サッカーをやってJリーグに行くんだ、あるいは野球をやって高校野球をがんばるんだ、という人たちが怪我をしたりすると、途端に、スポーツに向けていたエネルギーを反社会的なものに向けていく場合があります。われわれ臨床家は「スポーツマン崩れ」といっています。小さいときから親からはちやほやされてきますが、子どもが挫折した途端に親は見捨ててしまいます。

四つめの信念（belief）ですが、「（他人に）見つからなくても悪いことは悪い」といった基本的な素朴な規範への信頼感、こういったものが重要だということであります。

何はともあれ、少年たちの傷ついた、あるいは否定的な自己概念からの回復、自尊心の回復、どうしたら彼らの主体性、積極性、そういったものを高められるんだろうか。こうしたとき、非行臨床においては面接技法が重要となります。それから少年たちの居場所づくり。やはり、家庭に居場所がない、居場所というのは非常に手垢の付いた言葉ですが、彼らが安心できるところ、あるいはほっとする、安らぐ、くつろぐ、という場所を、家庭でなければどこにどのようにつくっていくのだろうか。わが国の犯罪というのは、確かに未成年者の犯罪が多いわけですが、一八歳、一九歳になると非行から足を洗う、非行率がぐっと減ってしまう。そういうことで思春期の一時期、どこかに彼らの居場所を見つける手助けができれば、少年たちが落ち着く可能性はきわめて高いということになるわけです。そういうことで、特に非行臨床では、家族だけでなく、一時的に彼らに居場所を提供できる親族であるとか、あるいは雇い主であるとか、そういうものの存在がとても大きいということであります。

特に最近、児童虐待などがクローズアップされて、親が加害者で、子どもが被害者だという見方が広がってきているように感じますが、そういうものが固定観念として植え付けられるときわめて危険であります。親自身がどうしてそうせざるを得ないのかといった事情にまで立ち入らないと、本当の臨床にならない。虐待する親イコール加害者、そして傷ついたお子さんイコール被害者といった見方では、親を敵に回してしまいます。それでは臨床になりません。親がなぜそうせざるをえなかったのかという事情や、親自身がどのように育ってきたかというということを聞く、あるいは親の方から自発的に話すことができるような場が必要になってくる。これは学校の教員の研修なんかでよくいうことですね。特に、若い先生方は、どうしても子どもさんに心理的に距離が近いということで親を敵視してしまう。そうすると親は、ますます学校を、敷居が高いと感じたり、あるいは学校に行って先生から頭ごなしに言われて「二度と行くまい」と頑なになってしまう。結果的にそれは子どもさん、生徒さんへの援助になりません。

発達や経済的な問題など多くの問題をもつ家族に対して、ひとつの機関でひとりでケースを支えるというのはきわめてむずかしい。私が児童相談所、あるいは警察のスーパーヴィジョンをしていてつくづく感じることは、やはり、他の専門機関との情報の共有、チームづくりが必要であるということです。特に、多くの問題を背景としているケースの場合、正確なアセスメントの共有化が重要です。そしてこの子の援助のためにどうしたらいいのかというリソースを探す、そういうものがきわめて大切です。これはまた後でご質問等があるところかもしれません。特に若い方たちは、現場に出たら、自分のところだけではなくて他の専門機関の方たちとぜひ知り合いになって下さい。むずかしいケースを通して実際の連携のあり方を学ぶことが重要です。公務員の場合など数年で転勤してしまうこともありますので、絶えず連携していくといった、そういう指向性がなければよりよい解決はむずかしいだろうというふうに考えております。（それではひとまずここで、終わりにいたします。）

引用・参考文献

大渕憲一『人を傷つける心』サイエンス社、一九九三年
奥村雄介「最近の少年非行の動向と特質—医療少年院の現場から」『犯罪学研究』六七（三）、二〇〇一年
影山任佐『犯罪精神医学研究』金剛出版、二〇〇〇年
籠田篤子「被虐待経験をもつ非行少年についての一考察」『調研紀要』第七二号、家庭裁判所調査官研修所、二〇〇一年
家庭裁判所調査官研修所監修『重大事件の実証的研究』司法協会、二〇〇一年
清永賢二編『少年非行の世界』有斐閣、一九九九年
萩原惠三編『現代の少年非行—理解と援助のために』大日本図書、二〇〇〇年

矯正教育の現場から——対応と課題——

元法務教官／早稲田大学大学院生　宮古　紀宏

一、はじめに

教育という言葉を耳にするとき、一般に人が思い浮かべるのは、家庭における子育てやしつけ、または、学校教育でしょう。矯正教育という言葉自体、耳慣れないし、聞いたことがないという人は多いかもしれません。矯正教育という言葉が、あまり広く社会に普及しないのは、それが少年院という狭い場で、非行を犯した少年を対象とした限定的な実践だからかもしれません。本章では、矯正教育とは何か、特に短期処遇少年院の現場において、それは具体的にどのように実践されているのか、そして、矯正教育は現在どのような課題に直面しているのかについて、私見を述べさせていただきたいと思います。

二、矯正教育と少年院

㈠　少年院法による矯正教育の定義

矯正教育は、法的には少年院法第四条第一項に「在院者を社会生活に適応させるため、その自覚に訴え紀律ある生活のもとに、(中略) 教科並びに職業の補導、適当な訓練及び医療を授けるもの」と定義されています。矯正教育とは、家庭裁判所による保護処分のひとつである少年院送致において、在院少年の性格や行動を矯正し、社会性を付与するとともに向社会的行動を身に付けさせることを目的として行われる意図的、計画的な働きかけ全体を指すものです。より具体的に述べれば、在院少年が再び非行に走ることなく、社会で自立した生活が送れるように、健全なものの見方や価値観、行動様式、職業技術等をしっかり指導し、身に付けさせることといえるでしょう。

(二) 矯正教育を支える理念

矯正教育は、親の適切な監護を欠く、あるいは福祉が損なわれている少年に対して、国が親に代わって監護教育を行うという「国親思想（パレンス・パトリエ）」に立脚しています。国親思想は、歴史的にはイギリスに起源を有するといわれており、一九世紀末のアメリカにおいて大きく展開した理念ですが、日本においては第二次世界大戦後のＧＨＱの指導の下で、国親思想の理念を取り入れた少年司法制度が構築されることとなりました。矯正教育の実践では、国親思想の理念は重要視されており、少年院教官は在院少年に対して、慈愛を旨として行動をともにし、自ら範を示すことが求められます。つまり、適切な大人のモデルとして在院少年の前に立つことが要求されるのです。

(三) 少年院の概要

矯正教育の具体的実践の場である少年院は、現在、全国に五三庁設置されており、収容する少年の年齢、犯罪的傾向の程度、心身の状況等に応じて、初等少年院、中等少年院、特別少年院及

表1

初等少年院	心身に著しい故障のない、おおむね12歳以上おおむね16歳未満の者を収容する。
中等少年院	心身に著しい故障のない、おおむね16歳以上20歳未満の者を収容する。
特別少年院	心身に著しい故障はないが、犯罪的傾向の進んだ、おおむね16歳以上23歳未満の者を収容する。ただし、16歳未満の者であっても、少年院収容受刑者については、これを収容することができる。
医療少年院	心身に著しい故障のある、おおむね12歳以上26歳未満の者を収容する。

び医療少年院の四種類に区分されています（表1参照）。

また、少年院には、収容期間を定めた処遇区分が設けられています。処遇区分は、大きく短期処遇と長期処遇に大別され、短期処遇はさらに一般短期処遇と特修短期処遇に分けられます。端的に述べると、短期処遇は、少年のもつ問題性が比較的軽く、早期改善の可能性が見込まれる者を対象とするのに対し、長期処遇は、早期の改善が難しいとされる者を対象としています。一般短期処遇の収容期間は、原則として六か月以内で、特修短期処遇は四か月以内とされています。長期処遇の収容期間は、原則として二年以内です。初等少年院と中等少年院は、施設によって長期処遇か短期処遇を有しており（両方の処遇区分を併設している施設もあります）、特別少年院と医療少年院は、長期処遇のみから成り立っています。

さらに、短期処遇と長期処遇それぞれには、処遇課程というカリキュラムが存在します。一般短期処遇には、短期教科教育課程、短期生活訓練課程という二課程があり、長期処遇は、生活訓練課程，職業能力開発課程、教科教育課程、特殊教育課程、医療措置課程という五課程から成り、いくつかの課程には細分が設けられています。

三、少年院における矯正教育の具体的実践（短期処遇少年院の現場から）

本節では、少年院における矯正教育の実践とは、具体的にどのようなものかを中心に述べたいと思います。まず、少年院における処遇の根幹をなす二つの基本方針である「処遇の個別化」と「段階処遇」について、それぞれ述べます。次に、男子少年を対象とした一般短期処遇少年院における具体的実践について、その概略を述べたいと思います。

㈠　処遇の個別化

処遇の個別化とは、在院少年一人ひとりの性格や心身の状況、非行の傾向等を十分考慮し、個別的必要性に応じた教育を行うことを指し、少年院における矯正教育の重要な基本方針の一つです。処遇の個別化の具体的施策として、分類処遇が挙げられます。分類処遇とは、処遇の個別化を実現するために、在院少年一人ひとりの科学的な調査に基づいて、共通の特性及び教育上の必要性を有する者ごとに処遇集団を編成し、それぞれの集団に最も効果的な処遇を実践しようとするものです。また、少年院では、処遇の個別化の理念のもと、個別担任制を敷いており、担当教官は少年鑑別所の鑑別技官や家庭裁判所調査官らが作成した資料をもとに個別的処遇計画を作成し、少年の処遇にあたります。個別的処遇計画には、在院少年一人ひとりの問題性に照らして、処遇上の留意点や在院期間を通して達成すべき「個人別教育目標」と、それに至るための下位目標である「段階別到達目標」を設定し、これらの達成に向けて少年の指導、援助が体系的に試みられるのです。

㈡　段階処遇

段階処遇とは、収容期間を通して在院少年を一律に処遇するのではなく、改善進歩の程度に応じて処遇目標、内容及び方法を設定または修正しつつ処遇することを指し、在院少年の更生意欲を喚起し、自発的な努力を促し、自らの改善や社会復帰という矯正教育の目標を、できるだけ早く達成させることを意図したものです。少年院の処遇は、在院少年の入院から出院に至る過程において、体系的かつ系統的な一貫性が要求されるものでありますが、収容期間全体を新入時教育、中間期教育及び出院準備教育という三つの教育過程に分け、それぞれの期間に応じた教育目標や教育内容が発展的に設定、実施されているのです。

㈢　具体的な処遇実践―集団処遇と個別処遇―

少年院における矯正教育の指導領域は大きく生活指導、職業補導、教科教育、保健・体育、特別活動の五つの領域に分けることができます。先に述べたように少年院では個別担任制を敷いていますが、各少年の担当教官は、個別的処遇計画をこれら五領域に即して作成し、さまざまな処遇を実施します。ですが、担当教官が少年の教育をひとりだけで担うというわけではなく、寮ごとに配置される寮担任教官や職業補導等の課業を担当する教官らとの連携の中で実践されます。

少年院は、それぞれの施設によって若干の差異はありますが、いくつかの寮から形成されており、それぞれの寮に二〇人前後の少年が集団生活をしています。各寮には、寮担任教官が五から六名ずつ配置されており、矯正教育をともに担っています。少年院の中で、少年たちは規則正しい寮生活を送りながら、生活指導を中心としたさまざまな教育を受けるのです。

少年院における矯正教育は、集団処遇と個別処遇に大別できます。集団処遇に該当するのは、集団行動訓練、実科実習、問題群別指導、集会活動、役割活動、社会的スキル訓練等です。個別処遇に該当するのは、個別面接、級別課題作文、日記指導、読書指導、ロールレタリング、内省指導、内観指導等です。集団処遇と個別処遇が新入時教育過程、中間期教育過程及び出院準備教育過程といった三つの過程に適切に配置され、矯正教育が展開されます。集団処遇と個別処遇、それぞれの実践があってこそ、在院少年一人ひとりの問題性に適切にアプローチできるのであり、一方の処遇あるいは単一の処遇技法だけに偏っては、在院少年の問題解決には至らないでしょう。

さて、まず集団処遇についてですが、ここでは集団行動訓練、実科実習、役割活動の三つを取り上げ、それらの概略を述べます。特に、それらの教育が少年院ではどのような位置づけを与えられ、実施されているのかに焦点を当てて述べます。

短期処遇少年院は、非行性が比較的進んでいない少年を対象としているとはいえ、矯正教育の目的を短い期間で達成しなければならず、少年院教官は在院少年をできるだけ早く少年院の生活に前向きに取り組むよう促す必要があります。そのため、新入時教育過程では、少年院の生活枠組みを明確に示す必要があり、日常生活の行動規則をしっかりと身に付けさせるために、集団行動訓練に力点が置かれています。少年院に収容される少年たちは、初めから自らの非行を反省したり、社会復帰へ肯定的に努力する姿勢を示したり、被害者の方たちに対し謝罪の念を抱いているわけではありません。むしろ、自らの非行を友人、親あるいは社会のせいにして合理化し、自らの内面に被害感を募らせて、少年院での生活に対し前向きになれずにいる者が少なからず存在します。そのような少年に対して、本格的な矯正教育を行う前の準備教育として、集団行動訓練を実施し、少年院内における行動の枠組みを提示しつつ、「ズル」や「ごまかし」をすることの愚かさとルールを守ることの重要性を、たとえば「約束を破り、ごまかしをすることは、弱い自分に負けることである」等と意味づけし、少年院教官とそれらの意味を共有することで、規範意識の涵養や、辛いことや嫌なことからも逃避せずに取り組んでいく姿勢を養っていきます。在院者同士が馴れ合わず、規律あふれる環境を醸成してこそ、その他の教育技法が映え、自らの更生に向けて徐々に内発的な動機付けを高めていくことができます。ですが、ここで注意しておかなければならないことは、規律遵守への意味付けに少年院教官自身も服す必要があることです。一方的で強圧的な規律の押し付けは、少年からの信頼を失うことになるでしょう。

また、中間期教育過程から本格的に開始される実科実習では、少年たちはそれぞれの進路、適性から、農業科や園芸科、洗濯科及び工芸等の実習をする総合技術科に分かれて各種作業に従事します。実科実習では、在院少年の勤労意欲を培い、日々の生活の中に勤労的態度を習慣化することが目指されます。

さらに、役割活動では、段階処遇の下、在院少年たちが新入時から中間期、そして出院準備期へと、より上位の過程に進むにつれて、寮内のさまざまな役割を与えます。与えられるそれぞれの役割は、寮生活に欠かすことができないものであり、自らに課された役割を、責任をもって果たすことが期待されます。役割活動は責任感の涵養と対人関係スキルの向上を意図して行われています。

次に、個別処遇についてですが、ここでは級別課題作文と個別面接の二つを取り上げ、述べます。

級別課題作文は、収容期間全体を通して実施されます。たとえば、新入時期のテーマである「私の生い立ち」では、少年自身の過去に目を向けさせ、自らの過去体験を綿密に言語化させ、非行をしてしまった現在の自分との関連性を深く考えさせることを促します。新入時期に自らの過去を想起させることは、自身の抱える問題性に早く気づかせ、これから始まる院生活への動機づけを高めるためにも有益です。前述したように、少年たちは自分が犯した罪を他者のせいにしがちです。少年院への収容という事実を、最終的には自分が招いたことだと自覚し、非行の責任を引き受けさせるためにも、しっかりと自分の生い立ちから現在までを振り返らせ、多くの人たちの支えの中で生きてきたこと、特に保護者のありがたみを理解するよう促します。

また、矯正教育の中で最も重要な処遇のひとつといえる個別面接は、収容期間全体を通して行われており、教官と少年の信頼関係の構築を主眼に実施されます。とはいえ、少年院における個別面接の形は、決して一様ではなく、少年のニーズに合わせて柔軟に展開されるものです。在院少年の成績告知としての面接もあれば、少年の心情把握のための面接、または規律違反行為への反省を促すための面接等、ありとあらゆる形態が想定されます。在院少年は担当教官との対話の中から、自分の問題性への気づきと理解、出院後の具体的な生活設計等について、熟考することを促されるのです。

紙数の都合上、数ある教育実践の中のいくつかを簡単に述べるにとどまりましたが、短期処遇少年院では、在院少年にいきなり自発的な更生を求めるのではなく、「他律から自律へ」という経験則から紡ぎだされた実践を重視しています。つまり、短い期間で矯正教育の目的を果たすために、新入時期は少年院の生活枠組みに、在院少年たちをある程度他律的にはめ込み、生活のリズムが整ってから、徐々に自発的な更生意欲を喚起させる教育実践を展開していくのです。少年たちは在院期間を通して、上述したさまざまな教育を受けながら、自らの価値観と行動の変容を図っていきます。出院に向けて、不良交友をしっかり清算する決意を固めさせ、社会復帰後に精神的にも経済的にも自立した生活ができるよう指導、援助されるのです。矯正教育全体が、在院少年と教官の濃密な人間的ふれあいを基軸になされており、教官と少年が、寮舎生活の中で、ともに喜び、笑い、悲しむという情緒的なふれあいがあってこそ、それぞれの教育技法が初めて意味をもつのです。

四、矯正教育の課題

(一) 被害者の視点をいかに取り入れていくか

一九九七年から少年院は「被害者の視点を取り入れた教育」に取り組み始め、矯正教育に積極的に被害者の観点を取り入れていく試みが活発に行われています。当初、被害者の視点を取り入れた教育は、長期処遇の生活訓練課程における一部の少年（「非行の重大性等により、少年の持つ問題性が極めて複雑・深刻であるため、その矯正と社会復帰を図る上で特別の処遇を必要とする者」）への処遇と限定的に解釈されており、その方法論も従来からの技法を援用しながら、各々の少年院教官の自助努力のもとで、試行錯誤を繰り返しつつ展開されていました。ですが、被害者の視点を取り入れた教育は、徐々に全国的に波及し、実践の知見を積み重ねていく中で、現在では、すべての少年院で、被害者の視点から矯正教育を再構築し、罪障感の覚せいを図るための指導が体系的に行われています。

しかし、現在の矯正行政においては、被害者と加害者双方の情報を直接的にやり取りするような制度はなく、被害者の視点を取り入れた教育において想定される被害者は、加害少年それぞれの被害者ではなく抽象的な「被害者」となりやすいものといえます。被害者の視点を取り入れた教育の実践者である少年院教官は、被害者の声を家庭裁判所や警察等、司法関係機関の書類から、間接的に知ることしかできないのが現状です。そのため、少年個々の被害者が、どのような状況に置かれており、何を望んでいるのかをリアリティをもって少年たちに伝えていくことは、今なお困難な課題なのです。

(二) 関係諸機関との連携

少年の更生は、当然のことながら少年院という閉ざされた場で完結するものではなく、社会においてこそ達成されねばならないものです。そのためには、少年院で行われた矯正教育が、引き続き社会内においても形を変えて適切に実践されねばならないといえます。施設内処遇である矯正から社会内処遇である保護へと適切な処遇が継続されるためには、互いの組織の協力体制をより強化し、連絡、調整を密にせねばならないでしょう。これは、前述した被害者の視点を取り入れた教育のさらなる充実にもつながることです。少年院は、在院少年それぞれの被害者が、現在どのような状況にあり、具体的に何を望んでいるのかを把握、確認することで、謝罪の具体的な在り方を模索していく必要があります。被害者のニーズを教官が的確に把握していくことは、在院少年の具体的謝罪行為をも想定にいれた教育を可能にするでしょう。

また、在院少年に社会で適応的な生活を送らせるためには、少年の就労が非常に重要です。施設内での少年の進路指導には情報面で限界があり、就労先、学校等、各少年にあった適切な進路先を選択、決定するためには、より多くの情報が必要となります。それらの情報収集のためには、少年院自体が地域社会に開かれた存在になる必要があり、在院少年の社会復帰に向けて学校、職業相談機関等と共同的に関わることが重要といえるでしょう。

㈢　認知行動的アプローチからの処遇の理論化と予防教育としての応用

現在、アメリカ合衆国、カナダ等の英語圏の国々における矯正処遇効果に関する実証研究から、認知行動療法がエビデンスを有する効果的な処遇技法として注目されています。認知行動療法とは、端的に述べれば、人間の思考（認知）、感情（情動）及び行動の三項は互いに影響を及ぼすと捉え、対象者のこれら三項を的確にアセスメントし、指導・援助することで問題行動を解消し、向社会的行動を学習させることを目標とした治療体系の一群を指すものです。つまり、自らの思考の偏り、歪み、また、その歪みに基づき喚起される感情及び不適応行動を、自らが理解する（自己理解）ことから始まり、思考、感情及び行動は、自分自身で律することが可能であることを繰り返し経験させるものです。それに比して、日本の矯正教育では、処遇技法や処遇効果の実証研究はほとんど行われていませんが、実践知あるいは臨床知とでもいえる長年の少年院での実践から紡ぎだされた経験則が、徐々に科学化の方向にあるとはいえ、現場において非常に重要視されています。英語圏の国々による実証主義の知見と日本の矯正教育の経験則のどちらが有効な教育実践であるかを直ちに論じることはできません。ですが、日本の矯正教育の経験則を活かしつつ、その実践を理論化、体系化していく研究は、今後重要になってくるのではないかと考えます。海外の実証主義の知見から得られた認知行動療法の理論的枠組みから、日本の矯正教育の経験則を活かしつつ再構築することで、少年院教官の実践における裁量のブレを修正し、より効果的な教育を可能にすることができるのではないでしょうか。

さらに、少年院が長年培ってきた経験則の理論化、体系化が進めば、学校教育等、外部の教育機関への応用可能性の道が開けてくると思います。少年院は、戦後、日本において唯一、生活指導、道徳教育に特化した教育施設といっても過言ではありません。その知見を経験則として留めたまま、現場においてのみ理解されるような、自己完結的な教育に堕してはならないと切に感じます。

五、おわりに

矯正教育とは、在院少年が更生する手助けとなる実践活動です。矯正教育を通して、在院少年の内面に生命への畏敬の念を醸成し、社会性を付与していかなければなりません。在院少年は虐待等の被害経験をもつ者が多いですが、そのため、他者への信頼感が希薄であり、情動統制が未熟で、他者と適切につながっていくことが苦手です。また、幼少期に適切な大人のモデルを欠いていたために、規範意識を内面化させていないことが多いといえます。在院少年一人ひとりの問題性は大きく、教育に困難を伴うことは事実ですが、少年の教育可能性、可塑性を信じて、より充実した矯正教育の構築に取り組む必要があるでしょう。

さらに、近年、司法の領域における被害者の地位と役割についての見直しが、世界中の国々で活発に議論されています。それは修復的司法という理念の下で、日本においても活発に研究がなされています。被害者のクローズアップは矯正行政においても大きな影響を与えており、これは従来の少年院における社会復帰理念の新たな捉えなおしをもたらすものといえるでしょう。健全育成とは何か。社会復帰とは何か。被害者への贖罪とは何か。これらの問いに明快な結論を出すことは、私にとって手に余ることですが、常に真摯に考えていきたいと思います。

少年院とは、まさに一人ひとりの少年たちがこれまでの自分を打破し、新しい自分を再構築する場です。価値観の再構築には、人間であれば誰もが痛みと苦しみを伴うものでしょう。ですが、在院少年たちは葛藤や悩みの中にも、その深く大きな苦しみを抜けた先に新しい自分が待っているということを信じ、日々を邁進しています。

参考文献

『矯正教育の方法と展開　現場からの実践理論』財団法人矯正協会、二〇〇六年
藤岡淳子編『犯罪・非行の心理学』有斐閣ブックス、二〇〇七年

法務省矯正研修所編『研修教材　少年院法』財団法人矯正協会、一九九三年
法務総合研究所編『平成一八年版　犯罪白書』国立印刷局、二〇〇六年

「早稲田教育ブックレット」№.3刊行によせて

坂爪一幸

早稲田大学教育総合研究所はこれまでに、「早稲田教育ブックレット」№.1として『発達障害にどう取り組むか』、および№.2として『キレやすい子どもにどう取り組むか』の二冊を刊行してきました。今回は№.3として『衝動性と非行・犯罪を考える』をここに刊行することになりました。

「早稲田教育ブックレット」の刊行は、早稲田大学教育総合研究所が主催する〝教育最前線〟公開講演会の内容を広く世に示すことを目的にしています。「早稲田教育ブックレット」では、ともすれば専門的で難しくなりがちな内容をできるだけわかりやすく、また読みやすい平易な文章で述べることによって、今日の教育的な課題や問題を多くの方々に共有してもらい、考え合い、そして解決につなげていくことを最終的な目標にしています。

教育は家庭・学校・社会という〝現場〟で実践される営みです。〝現場〟での教育に停滞は許されません。絶えざる更新が必要です。言い換えれば教育とは、その都度その都度最善と考えられることを試み続ける終わりのない営みともいえます。その一方で、教育を実践する者には偏りのない確固たる人間観と教育観が要求されます。教育活動の実践には〝現場〟に応じた臨機応変さが必要ですが、その根本には揺らぎのない人間観と教育観が必要です。ただしその人間観や教育観は絶えず間違いや偏りの有無を自身で確認し、適切に修正されなければなりません。このためには真の〝教養〟が欠かせません。

教師・学生・保護者をはじめ、広く教育に関係する方々の幅広い人間観と教育観の形成、それらへの絶えざる自己確認、それらに基づいた教育の実践、そしてそれらの前提となる真の〝教養〟の育みに「早稲田教育ブックレット」が少しでも役に立つことができますことを、早稲田大学教育総合研究所の関係者一同心より祈念しております。

（早稲田大学教育総合研究所　所長）

著者略歴（2008年３月現在）

上月正博（こうづき・まさひろ）
文部科学省初等中等教育局主任視学官・教育課程担当リーダー（講演会開催時）
文部科学省生涯学習政策局生涯学習推進課長
略歴：文部省入省、三重県教育委員会教育次長、文部科学省初等中等教育局特別支援教育課長、放送大学学園総務部長、文部科学省初等中等教育局主任視学官、文部科学省初等中等教育局主任視学官・教育課程担当リーダーを経て、現職

筒井和義（つつい・かずよし）
早稲田大学教育・総合科学学術院（生物学教室）教授、理学博士
略歴：早稲田大学大学院理工学研究科博士課程後期修了、広島大学理学部助手、神戸大学医学部講師、広島大学総合科学部助教授、広島大学総合科学部教授を経て、現職

坂爪一幸（さかつめ・かずゆき）
早稲田大学教育・総合科学学術院（教育心理学教室）教授、博士（医学）
略歴：早稲田大学大学院文学研究科博士後期課程単位取得（心理学専攻）、リハビリテーションセンター鹿教湯病院心理科主任、浜松市発達医療総合福祉センター療育課療育指導係長、専修大学法学部助教授などを経て、現職

村松励（むらまつ・つとむ）
専修大学ネットワーク情報学部、大学院文学研究科教授
略歴：東京都立大学人文学部卒業後、家庭裁判所調査官、専修大学ネットワーク情報学部助教授を経て、現職

湯谷優（ゆたに・まさる）
埼玉県警察本部生活安全部少年課少年サポートセンター所長
略歴：早稲田大学大学院文学研究科博士後期課程単位取得（心理学専攻）、拓殖大学非常勤講師、立正大学非常勤講師、埼玉県警察本部防犯部少年課少年相談専門員などを経て、現職

宮古紀宏（みやこ・のりひろ）
早稲田大学大学院教育学研究科院生
略歴：千葉大学法経学部（経済学科）卒業後、少年院法務教官を経て、現職